願行十力

盡心盡力，隨緣努力。轉化壓力，成為助力。
開發潛力，保持毅力。凝聚向心力，展現生命力。
有願就有力，彼此共勉力。

心十隨

隨時發心，隨念清淨。隨處觀音，隨聲應身。
隨緣迎接，隨力奉獻。隨遇心安，隨喜自在。
隨佛修行，隨願所成。

調心轉化光明語

心念轉為正念，希望光明無限。
心念化為淨念，當下淨土照見。
逆境轉個彎，前景無限寬。
身段柔和彎，處世相見歡。

原諒結好緣心法

果東

（法鼓山退居方丈）

原諒結好緣心法

果東

（法鼓山退居方丈）

法鼓文化 心靈網路書店
http://www.ddc.com.tw

原諒結好緣心法

果東

（法鼓山退居方丈）

法鼓文化 心靈網路書店
http://www.ddc.com.tw

淨化心性光明語

開發佛性，提起覺性。
轉化個性，淡化習性。
淨化心性，回歸自性。

正向八望

人難免有期望，但要節制欲望。
千萬不要奢望，未來要有展望。
永遠不要失望，心更不要絕望。
堅定永抱願望，才能充滿希望。

心平氣和八證氣

大家相聚歡喜氣，彼此相處要和氣。
互相包容老習氣，莫為不順發脾氣。
氣出病來傷元氣，順逆感恩生正氣。
活力報恩有朝氣，和樂無諍真福氣。

原諒結好緣心法

果東

（法鼓山退居方丈）

法鼓文化 心靈網路書店
http://www.ddc.com.tw

原諒結好緣心法

果東

（法鼓山退居方丈）

法鼓文化 心靈網路書店
http://www.ddc.com.tw

原諒結好緣心法

果東

（法鼓山退居方丈）

法鼓文化 心靈網路書店
http://www.ddc.com.tw

原諒好緣亮！

釋果東　著
蘇力卡　繪

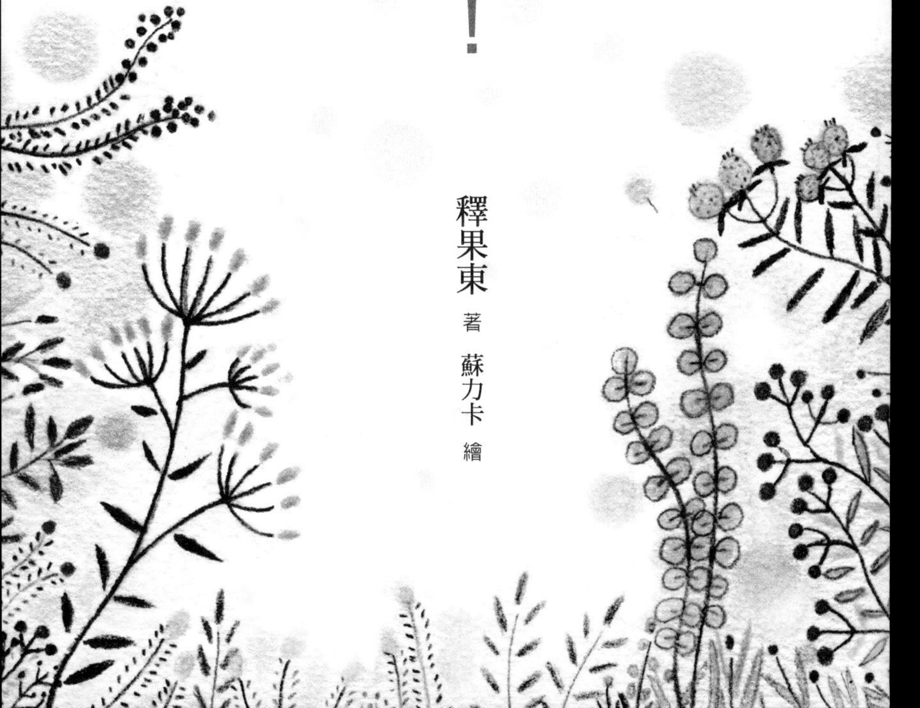

推薦序

想通、看透、力行
——人生智慧語錄讓我們活得更快樂

施振榮
智榮基金會董事長

與法鼓山結緣係因多次參加由法鼓山主辦的講座活動，因而十分榮幸有此緣分與聖嚴法師、果東法師對談，加上我授課分享企業經營之道的「王道薪傳班」學員，及因其他活動也曾多次參訪法鼓山，都留下深刻的印象。

法鼓山的理念是「提昇人的品質，建設人間淨土」，並積極推廣「心靈環保」（法鼓山創辦人聖嚴法師在一九九二年所提出的核心理念），希望以觀念的導正，來提昇人的品質，以健康的心態，面對現實，處理問題，這對法鼓山推動其淨化人間的使命，扮演了關鍵的角色。

在本書中，方丈和尚果東法師針對四大議題：「家庭好善緣、職場好人緣、人生好隨緣、心安好福緣」，用最口語化的方式，提出精簡而容易體會的方式來呈現內容，帶領讀者用心體會種種道理。

我對書中所談的道理與人生智慧，也非常地認同。以我個人的成長過程為例，我從小受母親影響，對一些老生常談的人生智慧語錄耳濡目染，雖然小時候並不明白其中的意義，但因媽媽的緣故，我還是全盤接受。

後來自己慢慢懂事之後，有一些是透過親身體驗，有一些則是觀察社會上的人生百態，進而將這些智慧語錄加以想通及看透，成為自己人生奉行的重要法則。

果東法師在本書的智慧語錄，我們不僅要相信它，還要進而力行，成為人生的核心價值觀，除了自己奉行，更要進一步影響別人，相信這將成為一股社會向上提昇的力量。

我在此也與大家分享一個我的人生體驗，對於人的幸福感，這與個人的價值觀及心中的欲望相關，如果一個人的欲望愈少、期望愈低、正面看待事情，則幸福感就會愈高；如果欲望高、期望高、負面看待事情，則易感受不幸福。因此，幸不幸福其實完全看自己。

人生要活得有意義，在於存在是否有價值，要創造價值就要對社會有所貢獻，所創造的價值不論貢獻大小，只要盡力去做，就會過得快樂幸福。對於這些人生的智慧語錄，我們可以先相信它，再身體力行，相信只要能正面思考，樂觀看待人生，對社會做出貢獻，這些智慧語錄一定能有助讀者活得更快樂，十分值得大家參考，在此推薦給大家。

推薦序

原諒轉念，增福增慧

黃勝堅（簽名）
臺北市立聯合醫院總院長

第一次與法鼓山方丈和尚果東法師結緣，是民國一〇〇年我剛到臺大醫院金山分院就任院長的布達典禮。當時的氛圍，北海四區民眾對於金山分院的主觀印象並不十分滿意。在布達典禮中，方丈和尚予以鼓勵，告訴我們順境、逆境都是成長因緣，要能知恩、感恩、報恩。過了一段時間，他在偶然的機會路過醫院臨時拜訪，當時正逢醫院內部因社區發展方向，產生衝突與意見不合的狀況。因緣際會，請方丈和尚給予全院一級主管當場開示；短短的二十分鐘，果東法師以：「盡心盡力，隨緣努力。轉化壓力，成為助力。開發潛力，保持毅力。凝聚向心力，展現生命力。有願就有力，彼此共勉力。」給予全院加持。從此，院務一帆風順，內部產生了強力的共識，找到永續學習的力量，發願共同為北海地區的居民盡一切的努力，跳脫框架，開發新氣象。果然在民國一〇三年七月，完成了亞洲第一個安寧社區。

民國一〇三年年初，果東法師更進一步鼓勵金山分院同事，運用「正向八望」：「人難免有期望，但要節制欲望。千萬不要奢望，未來要有展望。永遠不要失望，心更不要絕望。堅定永抱願望，才能充滿希望。」用來調心轉念，轉化煩惱，如此，生活必定平安健康又幸福。

一路以來，每遇困境，必定回想果東法師的開示與教導。前些日子，有位十八歲青少年從小由失智的祖母隔代撫養長大，某日因摩托車相撞，成為腦死狀態。不久，十八年未見的父親突然出現在醫院，在醫療團隊提及器官捐贈遺愛人間時，父親強烈拒絕溝通！當我去探望病人與父親時，深深地感受到父親遺棄兒子十八年內心的痛與罪惡感。我告訴他：「你要原諒你自己，你的兒子才有可能發揮大愛，才有可能好走！」當下他痛聲大哭，決定為他兒子簽下器官捐贈同意書，讓兒子的生命得以昇華，拯救更多的家庭。

果東法師出版的新書《原諒，好緣亮！》，教導我們如何以智慧寬容的心「原諒人」，所謂原諒「人」，是原諒別人，也是原諒自己。生、老、病、死都是生命的一部分，在人生的道場，免不了面對悲、歡、離、合，且各有各的恩、怨、情、仇。每個人在同一個時空都在扮演不同的角色，可能為人子女、為人父母、為人下屬、為人上司，會面對的是複雜的人際關係，常常不知所措。甚至，我們的逆境、困境也比順境來得多。這本書提供了很好的法門，用轉念的方法，給予正念的能量與方向，讓我們學會如何不怨天尤人，凡事反求諸己，如此才能少煩少惱，增福增慧。

推薦序

原諒，成為別人的天使

公益平台文化基金會董事長
嚴長壽

個人與果東方丈認識是在一九九七年。當時岳父正值人生最後一段旅程階段，家族心靈也瀰漫在一片哀悽與慌亂之中，果東方丈以宗教家的生死觀及時帶給家人心境上的平和祥寧。

而後，配合法鼓山世界佛教教育園區即將落成開山，個人於二〇〇四年應聖嚴法師的邀約，擔任為期三年的總體營運執行顧問，協助即將落成的法鼓山園區軟硬體規畫、人力整合及願景定位等瑣務，這其中除得幸與聖嚴法師經常近距離請益外，也因此與果東方丈多所接觸。近年，本人常駐臺東耕耘偏鄉教育，亦曾蒙方丈親臨指導。

佛家說，每個人都有每個人的人生功課，而人生當中的所有問題其實都離不開「人」。面對人生的無常，也許我們因為倉促而難以接受，因情怯而有些遺憾，但未必不是另一種好的安排。因為過去的事情我們無法改變，而未來的事情很難掌握，我們唯有把握當下，更積極、更用心地去「生活」，找到和別人互動的能量和能力，成為自己和別人生命中的天使，去幫助更多的人，為這個社會成就各種好的善緣，照亮並豐富彼此存在。

記得李安在《臥虎藏龍》電影中，拍了一幕竹林涼亭裡李慕白向俞秀蓮表白的戲，雖然這裡談的是感情，但李慕白卻說一句頗有禪機的話：「我們能觸摸的東西沒有永遠。把手握緊，裡面什麼都沒有。把手鬆開了，你擁有的是一切。」

這個「鬆手」，也可以比喻成「捨」、「放」或「原諒」，因為「捨」、「放」或「原諒」，我們反而得到的更多。

果東方丈是一個很會說故事的人，他也很擅長將平日在不同因緣中，接觸到各信眾所面臨的家庭、職場及個人等生命種種的疑惑，適時以宗教的話語、或是聖嚴法師過去的教誨，給予解惑，讓人釋懷。

個人始終相信只要是勸人為善，放下我執、服務人群的宗教，都是社會重要的資產與安定的力量。臺灣的宗教從單純祈求保佑平安開始，轉而教導人們學會如何面對無常的人生，培養自我修練的態度，進一步去關懷他人。這股心靈層面的重要力量，一直支撐著臺灣在面臨各種政治、社會之間的衝撞，還能保持相對平衡；而這本《原諒，好緣亮！》相信一定能帶給所有的讀者與信眾，在人我之間，在自己與這個世界之間，尋找適合自己的生命平衡之道！

自序

森羅萬象都在放光說法

釋果東

我是個出家人，修學佛法、隨緣盡分是本分事，寫作並非我所擅長，卻於二〇一二年出版《抱願，不抱怨》，再有此書問世，實為因緣使然。我個人僅是在因緣允許的情況下配合參與，與大眾分享佛法體驗。

佛法的人生觀告訴我們，所謂的過去、現在與未來，其實並不存在，只是因緣暫時組合，且又不斷遷演的過程。由於我們的心，無法體認因緣生滅，對暫時組合的現象執著不放，以致於心境上，產生過去、現在與未來的矛盾、衝突。包含個人身心、人際關係，及我們共有的社會環境，無法自在生活，都是因不知無常、無我的因緣法所致。

釋迦牟尼佛說：「有因、有緣，眾生煩惱；有因、有緣，眾生清淨故。」從因緣法觀照身心世界與所處的環境，是佛陀最核心的教導。法鼓山創辦人聖嚴師父則以現代人容易理解的表達方式，勉勵我們提起「四它」：面對它、接受它、處理它、放下它，來調適身心與化解人際關係衝突。面對境界而能經常練習「四它」，困境也就不存在了。

很感恩今生能夠追隨聖嚴師父出家，修學佛法，並從僧團賦予的執事，使我有機會分享佛法。所有的生命故事都在現身說法，均是起心動念的一面鏡子，這本書，呈現了近年我與大眾共勉的佛法、禪法體驗，也可視為我個人的學佛心得，共有四類文輯。

「心安好福緣」，取材自《法鼓》雜誌「方丈和尚會客室」專欄，是我對信眾提問與社會現象的回應。「職場好人緣」及「人生好隨緣」，由法鼓山文化中心策畫《與方丈和尚有約》影視節目，經工作同仁蒐集生、老、病、死及職場議題，「指定」我來應答。很感謝有此因緣學習如何面對鏡頭表述，即使常「吃螺絲」，也是難得的經驗。

以原諒為隱性主軸的「家庭好善緣」文輯，則是促成此書出版的助緣。從我與各界互動發現，執著某一事件而無法原諒，常讓當事人深陷痛楚，無法自拔。不能原諒自己，或是無法原諒他人，儘管境緣不同，心路歷程則是相近，矛盾、對立、衝突，導致封閉、怨懟、瞋恨，均因無法面對現實而起。人生旅程因遭逢重大意外事件衝擊，覺得無可奈何、感傷、悲痛，是人之常情，若是長期陷入同一情境，無法釋懷，或是採取壓抑、逃避，將使失衡的身心，轉為乖戾的情緒或行為，反噬自己。

從生命共同體來看，所有來到生命中的每一個人、每一件事，並非偶然，皆是有因有緣，互為因緣。使我們感受溫暖、明亮、希望、快樂的人與事，是深厚的緣，使我們感到困惑、磨難、挫折、憂傷的人與事，也是深刻的緣。順境與逆境都是暫時的現象，若能從心體驗因緣無常變化的特性，當下承擔，不以負面情緒反應處理，則生命中的每個階段，都是成長自己、精神昇華的過程。

平安、健康、快樂、幸福的人生，是每個人都希望擁有的，卻須從消融自我中心的執著開始。因此我常分享，遇到逆境、挫折，不妨想想：這件事在成就我什麼？在啟發我什麼？從調心轉念，給心靈一個轉圜的空間，一點一滴學習奉獻自己、成就他人，才有福業、慧業的保障。

本書得以出版，要感謝所有共同參與的「創作者」，便是每位以生命故事現身說法的人間天使、菩薩。百忙中行文贈序的施振榮董事長、嚴長壽董事長及黃勝堅院長，字裡行間兼述積極正向、奉獻利他的人生價值，如畫龍點睛，提挈本書主旨，衷心感謝。法鼓文化將本書收為年度出版書目，邀請知名插畫家蘇力卡女士為本書手繪增色，一併致意。

當然，要感恩聖嚴師父開啟我今生修學佛法的法身慧命，及僧團賦予任務，使我在服務大眾的過程中，報答三寶恩、師長恩、國家恩、眾生恩。而我曾經親炙恩師學習的教導，實已融於全書之中，若能得到讀者回響共鳴，至心所期。祈願人人都能得到佛法、禪法的利益，以慈悲關懷人，以智慧處理事，以和樂同生活，以尊敬相對待，和樂自在過好生活。

CONTENTS

目次

推薦序／想通、看透、力行
——人生智慧語錄讓我們活得更快樂　施振榮　002
推薦序／原諒轉念，增福增慧　黃勝堅　004
推薦序／原諒，成為別人的天使　嚴長壽　006
自序／森羅萬象都在放光說法　008

第一篇　家庭好善緣

家人傷我最深？　018
心平氣和，溝通更暢達　022
情感的緣生緣滅　026
處理婚外情的智慧　030
一根拐杖　034
別出第二次車禍　038
讓傷害降至最低　041

放過自己，放下傷痛 044
卸下自責的包袱 048

第二篇 職場好人緣

怨家不路窄 052
工作環境的好與壞 056
從正面角度看事情 059
如何處理心中的不平？ 063
如何不抱怨？ 066
減輕壓力的方法 070
擔心得寢食不安怎麼辦？ 074
接受批評的雅量 079
面對造謠修忍辱 083

如何看待合夥人的背叛？ 086
阻力就是助力 090
工作要趕不要急 094
真正的隨緣 099

第三篇 人生好隨緣

隨緣不變的人生 104
無常最積極 107
無障礙的心理環境 111
照顧生病的家人也能培福嗎？ 115
生病更要誦經、念佛 119
面對病痛的方法 122
面對死亡要發願 127

難道做的善事還不夠？ 131
交代人生最後的心願 134
生前告別更自在 138

第四篇 心安好福緣

平常心的修養工夫 142
擁抱希望 146
信心，從一念清淨開始 150
身心清淨，與法相會 154
身心安穩是最大福報 157
新臺灣之子新希望 160
看見臺灣，承擔使命 164
開發佛性，轉化個性 167

第一篇

家庭好善緣

家人傷我最深？

通常我們都以為，最難原諒的人，應該是仇敵、對手或是犯罪者，然而對某些人來講，關係最親近的父母或家人，往往造成的傷害最深，也可能就是我們難以寬恕的人。

一位在戲劇上表現傑出的女性藝人，由於從小成長於單親家庭，母親背負著沉重的生活壓力，又因嚴格管教，養成她極端自律的性格，與追求完美的傾向。這樣的特質為她贏得高收視率、好人緣，以及演技獎項的種種肯定。剛剛登上事業高峰的她卻病倒了，病中回首才正視，自己從未放鬆，而母親的愛與期許，已成為難以承受的壓力來源。

生命的獨特性來自原生家庭

在自我實現的人生旅程中，有許多人就像這位藝人，面臨身心失衡，或是人際互動的對立與衝突，而於驀然回首發現，今日種種的行為模式，根植於原生家庭。原生家庭的成長經驗，對個人價值觀的型塑和人格發展相當關鍵，甚至會影響一生。如果曾經在原生家庭接受到負面的經驗，像是父母偏心、冷漠、過度管教，甚至父母關係不睦乃至離異等，都可能在無形中傷害了心智尚未成熟的孩子。

這位藝人因生病而發現自己的壓力源，經與母親坦然相對，抒發多年來承受的身心壓力，終於解開心結。善良的她，既心疼母親辛苦持家，卻也坦承母親嚴格的管教，曾使她心生埋怨。正視身心衝突的根源之後，她開始學習放鬆，放下對完美的執著，不再為滿足別人的期待和肯定，而給自己壓力。甚至當多年未見的父親終於出現，她已可轉念，從怨懟轉而主動付出，接納父親。後來，父母均成為她演藝事業的最佳保母，互相照顧、彼此成就。

不斷地練習放鬆

能有這樣的轉變，非常令人讚歎，也相當不容易。這位藝人走過的歷程，猶如聖嚴師父對禪法的教導，化解身心衝突，須從如實面對、如實接受開始。然而，如果不懂如何放鬆，無論對自己或他人，要從內心生起轉圜的空間，並不容易。因此，師父常於各種場合分享「五分鐘靜坐法」。

首先，是把全身各部位調整到感覺舒服的狀態，眼球放鬆、頭腦放鬆、臉部肌肉放鬆，做輕鬆的微笑狀。之後，提肩做三次深呼吸，再保持平常呼吸，並把小腹放鬆。此時，應可感受全身放鬆、不用力的感覺。更進一步，可體驗呼吸從鼻孔出入的感覺，體驗呼吸即是當下的財富，即是當下全部的自我。

心念是情緒的本質。放鬆的練習，可使我們體驗情緒運作的過程。隨著放鬆生起的注意力集中，則可逐漸提昇至覺察情緒。當心愈是澄澈、安定，愈能全盤觀照自己的優、缺點，肯定自我的自信心也就愈穩固。

原生家庭型塑了每個人獨特的生命故事，卻也留下必須面對的成長課題。從練習放鬆開始，如實接受當下的自己，認識自己的優點與缺點，便是自我成長的契機。如此，才能與自己的心和解，也與家人和解。

心平氣和，溝通更暢達

有一對母女為了親子問題來找我。女兒感冒，母親很心疼，表現出來卻是叨念。「我不斷叮嚀她，天氣冷了，記得把衣服穿暖，她當耳邊風，現在感冒了要看醫生，我當然生氣！」又談起農曆年前，家裡正在大掃除，女兒卻於晚間急著趕赴朋友之約，為此又上演一番激烈的「相對論」。

這對母女平時互動很好，母女情深，為人所稱羨。只是再怎麼親密，難免會有意見不同的時候，更需要尊重與理解。否則，愛之深，怨之切，一旦關心演變成期待和要求，對方不一定領情。這位女兒便說，母親的關心「只有百分之零點三」。意思是說，關心微乎其微，剩下的全是嘮叨。

家人需要倫理，不是論理

後來，他們要我評理，看誰說得有道理。我的回應是，家人相處要有倫理，不要老是論理。倫理的基本精神，在於從心出發，盡責盡分，奉獻利他。這裡講的「心」，不是隨煩惱生滅的自我中心，而是平和穩定的慈悲心與智慧心。一般人的自我中心很頑強，常常因一件事、一個動作而起心造作，分別「我喜歡的」或是「我討厭的」，喜歡的便起貪著，嫌惡的便起瞋心。因此，面對家人乃至人際關係的對立、衝突，都不妨自問：「究竟是為了他人好，或為鞏固自我中心？」

與人相處而有不同的看法，原是正常，然而觀點不同，並不一定不和。從佛法來講，不和即是諍。諍有兩種意涵，狹義是指人與人之間的意見之爭，廣義則指身心不平衡所產生的煩惱。事實上，多數人經常處於相諍的煩惱之中，部分是因心念困擾了自己，部分則受外境影響而生困擾。凡是內心不平，或與他人、環境產生衝突，都是身心失衡所致。

關懷必須從「心」出發

因此，法鼓山近年曾以「和樂無諍」為關懷主題，為世界人類祝福，並從「心平氣和，是非要溫柔；和樂平安，我為你祝福」二句話輔以詮釋，兼為落實的觀念與心態，希望大家能於日常生活中加以練習、體驗。

遇到任何問題，首先觀照自己的心，覺察情緒起了波動，可藉由深呼吸，或是念佛菩薩聖號，用以調息、調氣。當氣往下沉，身心是沉穩、穩重的，此時便能比較清楚覺察自己的起心動念，而能心平氣和表達意見與看法，便是「心平氣和，是非要溫柔」。

「和樂平安，我為你祝福」，則與大家共勉，少一些你爭我奪，多一些慈悲謙讓、體諒包容。一時起了煩惱沒有關係，只要在最短的時間內，回到正念、清淨念，不做出自傷傷人的行為，並生起善念為對方祝福。

家人相處，可以有立場，卻不必為了堅持立場而對立。「愛之深，怨之切」，愛與怨相隨，都是少了心平氣和的鍊心工夫。

心平氣和，才能覺察自己的起心動念，這是需要練習的。發現情緒起了波動，正是關懷自己，學習慈悲智慧的開始。同時也要站在對方的立場設想，給予尊重，才能理解；有了理解，才能達到良好溝通。

寬心語

一時起了煩惱沒有關係，只要在最短的時間內，回到正念、清淨念，不做出自傷傷人的行為，並生起善念為對方祝福。

情感的緣生緣滅

佛法看待人生實相，有三個基礎法則：諸行無常、諸法無我、涅槃寂靜。其中，諸行無常的「行」，是指心念運作的過程。日常生活中，我們也許前一秒鐘為某個新聞報導而憤慨，下一秒鐘即可能因某人、某事而雀躍不已，正說明我們的心念，分分秒秒都在改變。

兩性之間的情感，當事人的心念也在經常變化，若是其中一方情感生變，或是提出分手，對方通常是無法接受的。新聞媒體中，經常報導令人遺憾的感情事件，例如為情輕生，或是因分手而訴諸暴力，層出不窮。因情變及感情困擾，而求助於精神科醫師的人數，據說占了求診人數的三分之一，可見兩性情感的衝擊，對於身心實有顯著的影響。

不安來自患得患失

《四十二章經》說：「人從愛欲生憂，從憂生畏。」人因有愛欲而生憂慮，有憂慮而起恐懼、害怕。根本原因，在於自我中心的執著，因而患得患失。

患得患失的心，從無明產生，也就是疑。由疑發動，結合貪、瞋、癡、慢等煩惱，產生妒嫉、控制、占有、依賴，乃至暴力等行為。種種煩惱交織，也就讓一段情感，轉變為自纏纏人、自傷傷人之苦。

在佛法講的八苦之中，因愛欲而產生的苦，有求不得苦、愛別離苦及怨憎會苦。為得到一段感情而辛苦百般追求，追求不到是苦，求得之後怕失去是苦，一日不見如隔三秋也是苦，有朝一日分手了，更是苦不堪言。

情感也是因緣眾生

然而，人是有情眾生，不可能離開情感。事實上，佛法講的有情，其中一層意義是眾生。眾生，有「眾緣和合」與「眾多生命」之意。眾緣和合而有個體生命的事實，眾緣和合而有你、我、他的人際關係；同樣地，眾緣和合而產生情緒與情感。情緒與情感，均由心念組成。如果僅是一個念頭，並不構成情緒、情感。患得患失的情緒，習於從自我中心的認同感出發，而在強烈渴求與強烈反感的情緒模式中，反覆拉扯而變成情感煩惱。

強烈的情緒使人困擾，但情緒不等於負面能量。例如，樂觀也是一種情緒。正向、樂觀的情緒，仍是以自我中心為出發點。不同的是，少了個

人自我中心的利害得失執著，心境趨於平和、穩定，而能包容、體諒他人，能使自己的心量變得寬廣。因此，一段穩定的情感，是彼此相互扶持、砥礪的積極力量。這便是佛法所說「同修伴侶」，互為彼此成長的助緣。

一段美好的情感，不是互相執著、糾纏和占有，而是學習互相尊重、關懷與付出，從執著的愛欲，昇華為彼此扶持的伴侶。當情感已成往事，也能平靜看待因緣的聚散分合，給予對方祝福，這才是感情帶給我們的學習及成長，使我們懷抱希望，迎向未來更寬廣的人生。

寬心語

人因有愛欲而生憂慮，有憂慮而起恐懼、害怕。根本原因，在於自我中心的執著，因而患得患失。

處理婚外情的智慧

現今工商社會的生活型態，與過去大不同，拜交通與資訊工具發達之賜，人際互動與人脈網絡更形密切。在頻繁的聯繫中，起心動念稍有不察，很可能逾越分際，在兩性交往最常聽聞的，便是所謂的劈腿，或是婚外情。

婚外情的糾葛，在各個年齡層、各個職業，甚至在一個看似無懈可擊的家庭，都可能發生。

一位從事教育工作的女士，先生意外往生，仍處於喪偶之痛的她，無意間發現先生一段長年的婚外情，震驚不已。因為她始終認為，夫妻兩人關係親密，彼此溝通無礙，也樂於分享、傾訴，沒想到她努力經營的婚姻，還是出現了裂縫。

同理配偶也是凡夫

婚外情猶如是婚姻的一場大地震。在我關懷的過程中，也曾接觸一些婚外情案例，而我發現，最大的傷害，即是動搖夫妻兩人的信任與安全感。

發生婚外情的一方，常於事後感到懊悔，也決心改過，請求配偶原諒。但因問心有愧，配偶已不再信任，並不敢要求復合，便將如何處理婚姻的主動權交給另一半，自己則等待「宣判」。另一半則可能不斷質問「為什麼」，而對自己的付出與婚姻中所扮演的角色，生起強烈疑惑。

面對婚外情困擾，保護自己的心，不受情緒牽制是最重要的；心不扭曲，才能誠實面對自己、配偶與婚姻現實的處境。盡可能就事論事，避免暴力傷害。

從佛法來講，有因有緣，產生煩惱；有因有緣，也能使煩惱的心獲得修正。因緣是不斷變化的，犯錯的行為，並不等於犯錯者的本性是邪惡的。人都有貪、瞋、癡、慢、疑等無明煩惱習性，卻也同時具有可修正錯誤的本

能。原諒與包容，即是給予對方成長與修正的機會。

然而，原諒並不是因為自己沒有過失，以施恩者的立場給出機會。真正的原諒，是以平等心尊重彼此的差異性，包容自他的不完美，相信每個人都有改過遷善的可能。

至於外遇的一方，知錯反省、慚愧懺悔是需要的，同時必須負責、奉獻，才能轉化扭曲的心。負責、奉獻，不是為了將功贖過，而是回報另一半給予助緣，讓自己有修正偏差行為的機會。

愛，不一定要有相對的回饋

聖嚴師父曾經接受一位知名作家訪談，被問道：「若是妻子有了婚外情，並且執意求去，該怎麼處理？」師父這麼回答：「愛，不一定要有相對的回饋，真正的愛是付出。既然是自己的太太，就要像愛太太那樣地愛她；她不愛我，她不回頭，沒有關係。」作家反問師父：「為了一個已經不會回來的人守候一輩子，不是太執著嗎？」師父回答：「很美啊，在人格上是很美的。」

每一對走進婚姻的夫妻，相信初發心都是為了共結良緣。良緣並非結果論，而須珍惜、把握，再造善緣。婚外情所帶來的震撼，雖有不同的處理方式，無論抉擇為何，均須提起承擔。假使當事人仍有心挽回婚姻，當成磨練也好、考驗也好，從中修復的信心與信任，則是兩人都共同成長了。

寬心語

真正的原諒，是以平等心尊重彼此的差異性，包容自他的不完美，相信每個人都有改過遷善的可能。

一根拐杖

《雜阿含經》中有一則行乞老人的故事：老人年輕時，歡喜迎接兒子的誕生，辛苦攢錢，養兒、育兒，並為兒子完成婚事。沒想到，兒子成家後，卻把老父掃地出門。無依無靠的老人，從此以行乞為生，唯一的財產是一根拐杖。

有一天，老人見了佛陀，忍不住傷心抱怨。佛陀則告訴他，擁有一根拐杖的種種好處。例如拐杖可防身，避免惡牛、野狗的侵犯；拐杖可輔助行走，山路崎嶇，有了拐杖，不致摔跤、受傷；有了拐杖，也可避開深坑、空井，乃至穿越草木、荊棘……。最後，佛陀告訴長者：「與您最親近的，不是您的兒子，而是這根拐杖啊！」

佛陀以「拐杖」為喻，勸勉為人父母者，一切皆不足以憑恃，同時委婉點出不孝的兒女，還不如一根拐杖。

面對當下的現實

在華人社會，佛陀所譬喻的老人與拐杖，可能多數人會感到於心不忍，指責子女不盡孝道。畢竟孝道是中華文化傳統之一，直到現代，孝的觀念，仍根植於多數華人心中。

中文的「孝」字，由老、子二字組合，寓有生命傳承及推己及人之意。傳統農業社會以家族為基石，教養子女與奉侍長者，皆由家族共同承擔。隨著社會遷演及生活型態改變，現代人結婚後，多半無法與父母同住。另一方面，出生率的降低，以及近年經濟景氣低迷，以至於許多長者獨居，也是社會變遷的事實。然而，現代社會的多數長者，均能以慈悲心體諒子女無法同住的處境，子女更須感恩、報恩。而無法與父母同住，仍可透過其他方式表達，重要的是心意。有空常回家陪伴，給予父母溫暖、關心，也是孝親。從佛法來看，運用父母給予的生命，從事對他人有意義、對社會有利益的事，才是真正的報恩。

儒家提倡「老吾老以及人之老，幼吾幼以及人之幼」，佛法也說「無緣大慈，同體大悲」，均強調從自身做起，推己及人，達成善的循環。在現今社會，也須從人人敬老、愛護長者的行動，來體現孝的精神。

對老人來講，年紀大不是問題，不一定成為子女的負擔，反而是子女堅實的後盾。不過，長者的老年生活仍需重視。目前臺灣有老人年金、老人福利法，以及相關的社會福利，為老年人的生活及安全，提供最低限度

的保障。若是面臨困頓，而家人無法照應，仍可向相關單位申請援助。

做個無憂的智慧老人

此外，年長者的心靈生活也應有所寄託。例如宗教信仰，或是專為銀髮族開辦的活動課程，都可以嘗試接觸。以法鼓山各地道場開辦的長青班來講，老菩薩參與地非常歡喜，他們所回饋的人生智慧，也常常讓講師非常感動。假使年長者行動仍能自如，建議也可至公益團體當義工，培福、種福，廣結善緣，讓生命更充實，更有意義。

老年人的生活規畫，不僅攸關銀髮族，也是一個邁向高齡化，甚至超高齡化社會共同的課題。因此，佛陀所說的「拐杖」，可以是老本，可以是老伴、老友，也可以是興趣、信仰、健康等，都需要未雨綢繆，提早準備，才能做個無憂的智慧老人。

別出第二次車禍

一次酒後駕車的意外事故，致使一位事業即將起飛的年輕女性半身癱瘓，人生從此變色。而肇事者不僅不認錯，並且態度倨傲。這就像在傷口撒鹽，讓受傷的當事人難以接受，從此產生強烈的恨意。在復健過程中，她強忍身心痛楚，為的是趕快站起來，報復對方。

在種種負面情緒侵蝕下，身體尚未康復，她的心也生病了，因恐慌症而出現自厭、自殘的行徑，家人也因此陷入絕望的深淵。

事過多年，疼愛她的父親已經年邁，臨終前最掛心的，是仍然無法走出車禍陰霾的這個女兒。這使她驚覺，自己已成為父親心中最大的牽掛，也才發現，先生不離不棄地照顧，以及家人從未停止的關心。

轉念，珍惜當下擁有

一場無妄之災致使身心受創，乃至長期陷入怨恨、憤怒及報復等負面情緒，雖可理解，卻使人不忍。佛經有個比喻，若有人被毒箭所射，此時拔箭療傷，才是最緊要之事。如果一味追問放箭的是誰？從何處射來？甚至追究毒箭材質，才願意拔箭療傷，而無視救命之急，就如同朝自己的心射第二支箭。現實生活中遭逢逆境、挫折，而不斷陷入憤怒、怨恨等情緒，都是第二支箭。

然而，壓抑或是發洩情緒，都不能解決問題，長期壓抑情緒的結果，甚至可能導致失控的暴力行為。唯有調整心念，疏導情緒，珍惜當下擁有，不活在往事陰霾中，人生才能再次逆轉重生。

因緣具足中，這位女士學了禪修，透過一次一次地練習，紛亂、複雜的情緒，漸漸獲得沉澱、安定；又從參加法會共修、擔任義工的過程中，敞開心胸，重新走入人群。新生的勇氣及對家人的感恩、懺悔之心，使她不再怨懟人生，反而感恩自己有福報，還有能力付出，還有機會聽聞佛法。

而曾是生命中無法承受的那場車禍，她也給了重新解讀，事情既已發生，唯有接受，視為償債、報恩的歷程。這確實很不容易，因為她已超越所謂的「業障」，從行為的轉化，消融自我中心的煩惱之障。

信用的考驗

聖嚴師父曾經開示，人生中所有不如意之事，逃避、怨恨不是辦法，當從因、緣、果的法則，當成是允諾與還願，以歡喜心來接受；同時配合因緣，盡力予以改善，這是信用的考驗，也是實力的考驗。

活在當下，人生才能繼續往前。調心轉念，以正向思維，珍惜當下擁有，學習以感恩心接受順逆緣，以報恩心奉獻結善緣，如此，遺憾和怨尤就能漸漸消融，帶動轉變的契機。

讓傷害降至最低

二〇一四年，臺北捷運發生令人震驚的傷人事件，奪走四條寶貴的性命，造成多人受傷，「快樂出門、平安回家」的常態被打破，更為社會帶來了震撼。

任何一件善舉或是惡行，就如湖面上的一滴漣漪，其引發的效應或可因推波助瀾，掀起滔天巨浪；或可在漣漪過後，復歸平靜，而明澈如鏡。

同理心中見慈悲

二〇〇七年，一位任職臺灣大學的副教授，騎車行經河濱公園時，突

然遭受一位精神異常的更生人攻擊，經急救無效捨報。他的夫人聞訊趕往醫院，只在先生耳旁輕聲說道：「爸爸，我們原諒他。一心念佛，往生西方佛國淨土。」

面對親人意外捨報，家屬的悲傷與不捨是人之常情，然而這位女士的語氣非常平靜，因為她不希望自己的情緒變成先生的牽絆，更期盼先生能夠放下，不帶一絲仇恨離開人世。事件發生後，同樣引起社會震動，原因在於這位女士面對義憤填膺的家人與校園師生，她所採取的回應。

同理心是她的選擇。她所見到的肇事者，並非一個不可饒恕的惡人，而是成長過程缺乏關愛，及因過量吸毒、身心受損，正需要你我關懷的人。事件發生後，她沒有埋怨，不生瞋恨心，只希望先生捨報的示現，能夠喚起社會大眾對更生人的關懷，防止類似悲劇再度重演。

每個人都需要關懷

任何以暴力方式奪走寶貴生命的事件，都是人間的遺憾。北捷事件與臺大副教授捨報一事，從整體社會的視角來看，實難將「加害者」單純咎責一人，而是為什麼我們的社會，會讓人訴諸暴力，戕害他人寶貴的生命。這兩起事件，都讓大家更加重視家庭教育、學校教育、社會教育，以及公共安全的議題，並且引以為社會共同的教材，研討如何因應、防範類似事件再度發生，希望將傷害降至最低。

聖嚴師父曾說，世界上並沒有真正的壞人，只有在特殊情況下，有少數人做了壞事。如果大家從社會的每個層面，多去推動愛心的精神，多給予他人關懷和照顧，人人都可能成為好人，處處都可能見到愛心。

同理心即是，不希望發生在自己身上的事，「己所不欲、勿施於人」；自己希望擁有的平安與幸福，「推己及人」。對於犯錯的人，則相信他能改過，並且祝福他未來的人生，仍能充滿無限的希望。因此，在同理心中，或許已沒有原諒一事，只有需要被關懷的眾生。

放過自己，放下傷痛

近幾年，年輕人輕生之事頻傳，斷然結束美好的生命，不僅令各界驚愕，當事者的家屬也百思不得其解，不明白到底哪裡出了問題，更自責沒能來得及阻止悲劇發生。

悲劇背後實有龐雜因素

根據研究，一件自殺案例，至少會影響六位親友。而在自殺者遺族中，最哀慟的莫過於父母，除了得承受白髮人送黑髮人之痛，也常陷入疏

忽、失職等罪惡感中，難以走出傷痛。

當子女已經成年，擁有自己的生活、事業、感情，或已組成家庭，父母已無法同住陪伴；即使清楚子女的狀況，也盡力給予關懷，有時仍無法阻止遺憾發生。

曾經有位企業人士，因遭逢人生重大衝擊，在友人陪同下拜會聖嚴師父。師父給予的關懷及勸勉，他說都已了解，也願意試試，然而幾天後，還是傳來輕生的憾事。

求生原是人的本能，一個人會違反求生本能，而走上輕生之路，背後實有龐雜因素。有的是因精神狀態之累，有的因身體因素所致，或因社會期待與生活壓力等等。當一個人的身心負荷已無法承受之時，很可能父母、家人，甚至像聖嚴師父如此心靈導師的開導，也不一定能夠轉化當事人決意輕生的念頭。這也是世界各國對自殺防治如此重視，而積極投入人力、資源，並且配合教育落實宣導，實因自殺率始終居高不下。

面對家人或子女走上自殺一途，建議當事人的家屬能夠理解，自殺者

所以放棄求生，必然是因絕望做出的選擇，或許是他自認為最佳的解脫方法。然而從佛法來講，自殺絕非解脫之道，這一生應當承擔的責任與義務未了，「未來」還是要面對。

尋找專業單位協助

另一方面，也須關注自殺者遺族所承受的悲痛及心理壓力。若是心境實難調適，目前政府、民間與醫療機構，均設有心理諮商單位，包括法鼓

山人文社會基金會也設有關懷生命專線；或可加入支持團體，適時尋求協助。人生風景猶如四季，春有百花秋有月，夏有涼風冬有雪。心念轉變，人生時節也會跟著改變，處處皆有活潑生機。

父母與子女的因緣，既有緣起，也有緣滅的一日。子女結束自己的生命，或是個人的選擇，或是身心無法自主，都代表現實生活中，此生與父母共同相處的因緣暫時告一段落。從佛法來講，珍惜因緣而不執著，放過自己，放下傷痛，一心稱念佛菩薩聖號，祈願諸佛菩薩接引，才是給予往生的子女最好的祝福。

寬心語

人生風景猶如四季，春有百花秋有月，夏有涼風冬有雪。心念轉變，人生時節也會跟著改變，處處皆有活潑生機。

卸下自責的包袱

有一位母親，因親戚臨時來訪，在她忙於招待之際，三歲大的兒子意外從窗檯摔落。經過搶救，孩子活下來了，然而外觀及視力所受的損傷，從此成為母親心中難以磨滅的傷痕。

此後十多年，這位母親從未停止自責，個性也變得孤僻、封閉。總是不斷回想事發當時，「為什麼我要把床放在窗旁？要是那天親戚不來，事情就不會發生了……。」一次次懊悔與自責，就是無法原諒自己。

曾經發生的事，或是回憶，並不一定與煩惱連結，然而不斷沉浸、沉湎於回憶，即是煩惱。當我們的心，陷入回憶、推想，衍生怖畏、憂慮、怨懟，都是「心境」的雜念與妄念，與事件本身無關。

煩惱來自紊亂的心境

從禪法來講，反覆沉湎回憶，乃是身、心與環境分離。我們的身體在這裡，我們的心卻在另一處，而我們對現實生活環境，漠不關心。身與心分離，心境是紊亂的，而紊亂的心，更無法安住於當下。如此，心不由己、身不由己，失去重心的生活，對於前程只有茫然。

不過，若非當事人願意坦然面對當下，很不容易改變。後來這位母親接觸了佛法，在某次讀書會分享中，抱持「不讓其他父母重蹈覆轍」這一念，首次揭開埋藏內心深處的傷疤。當她把曾經走過的人生低潮期，以供養的心分享時，也就把當年的意外，轉化為一種公眾教材，提醒許多家長重視居家環境及幼童安全，避免類似的意外發生。經過分享，她覺得如釋重負。之後更經由禪修、分享和書寫，逐漸減輕內心的痛苦與怨恨，不再讓心中的包袱，阻擋人生前進的腳步。

如此療癒的歷程，絕非一蹴可幾，而是需要不斷不斷地練習放下。每

一次放下，情緒波動更趨平和，一次一次生起不同的體悟；面對挫折，「難，過！」「難，行！」「難，忍！」「難，捨！」

接納自己，才能轉化痛苦

活在當下的人生，才能回歸生活，回歸自己。以利他為利己的菩薩行，能使我們走出困境，轉動生命的方向。就如這位女士分享解開心靈枷鎖的歷程，讓受苦的人明白，只要以真誠心面對現實，接納自己，痛苦是可以轉化的，未來是充滿希望的。

寬心語

活在當下的人生，才能回歸生活，回歸自己。

第二篇

職場好人緣

怨家不路窄

常常有人抱怨，某某人讓他日子很難過；或者與某某人相處不合，共事很辛苦。這個「某某人」不是別人，通常就是家人、同事、同學，或者上司。關係愈是親近，愈容易產生衝突摩擦。就像俗話所說的「怨家路窄」、「不是怨家不聚頭」，乃至於「仇人相見，分外眼紅」。

怨家也是有緣

這種情況相當常見，有時是單方面被欺壓、被折磨；有時是雙方都很痛苦，然而就是無法避免和對方接觸，便是佛法所說的「怨憎會苦」。

就因緣來看，人與人之間有怨、有憎，是因彼此親近的緣故。常常見面、共事合作，或是朝夕相處，接觸的機會多，摩擦與不愉快的頻率也可

能增加。若能想想，彼此互動密切，也是多生以來結的緣分，是否應該好好把握結善緣呢？

把握現在結善緣

從佛法看「怨憎會」之苦，釜底抽薪的根本辦法，便是「隨緣消舊業，更不造新殃」。遇怨家而常常煩惱不已，就要想辦法解開心結。首先，自己不再因對方而起煩惱、抱怨；同時，也不做損害對方的報復行為，甚至起善念為對方祝福，即是隨緣消舊業，惜緣修福慧。

事實上，不只是人與人之間的因緣會改變，我們的心念也在無常變化。原來可能與某某人不相應，可是經過相處、磨合，甚至共患難之後，彼此更清楚對方性格的優缺點，進而能夠理解、包容，或許還會有知音之遇的歡喜呢！

怨家不一定路窄，反而可以是幫助我們修福修慧的大好因緣。如何轉化？聖嚴師父告訴我們：「如果別人對你不好，你仍然要善待他；如果別人傷害你，你仍然要一本初衷地照顧他；如果別人欺負你，你應該要原諒他，這就是『廣結善緣』。如此堅持下去，別人便會逐漸被你的態度所轉變。也許此生你一直付出，都得不到對方正面的回應，但還是要繼續和他結善緣，這種緣叫『來生緣』。」

這即是佛法所說：「欲知過去因，現在受者是；欲知未來果，現在作者是。」因此，我常與大家共勉：「逆境轉個彎，前景無限寬；身段柔和彎，處世相見歡。」人與人相處，遇到棘手問題，不以負面情緒反應，順逆皆以感恩心接受，便能處處逢緣、廣結善緣。

寬心語

自己不再因對方而起煩惱、抱怨；同時，也不做損害對方的報復行為，甚至起善念為對方祝福，即是隨緣消舊業，惜緣修福慧。

工作環境的好與壞

曾經有位公務機關的主管對我談起，公部門要推動政策，必須先與相關單位建立共識，否則困難重重。我也認同人際互動很重要，法鼓山團體一向重視成事在於人和，尤其在非營利組織，人力資源是最重要資產。同樣地，職場也貴在人和，工作是大家共同成就的。

下一份工作會更好？

職場是社會的小縮影，廣結善緣也是工作的一環，只是這樣的說法，職場新鮮人比較無法理解，有時工作不順心，心想下一個工作會更好。可

是大環境釋出的機會又不見得滿意，只好勉強接受現實，繼續留在原位。究竟該騎驢找馬好呢？或是轉換工作？還是留在原位，再試試看？

現實無法順如人意，而謀生又是生活所需，儘管基於無奈、無助，而在慎重思考後決定留下，即是理性、務實的人生觀。既然如此，何妨更務實些，從心態來調整。職場是由人際關係組成的共同體，覺得環境不好，是否想到自己也是其中一份子？環境可以影響心境，心境同樣也可改變環境。

工作環境好壞取決於心態

工作環境的好與壞，取決於心態。眾人口中的好環境，假使不好好把握珍惜，而抱持依賴、懈怠、懶惰的心態，也未必是理想的工作環境。即使工作環境不佳，若能抱持務實、踏實的態度，盡心盡力把工作做好，至少能心平氣和，安住於工作，或許還能從中開發新的潛能，那就不是委屈於現實，而是超越了環境。

現代社會講求競爭，然而競爭卻不一定要打擊對手、扳倒他人，如果是以社會大眾的平安、健康、快樂、幸福為目標，從事良性競爭，且能符合因果法則，工作是永遠開發不盡，而且做不完的。

從佛法來講，工作的意義，在於奉獻、學習、成長，透過整體的力量回饋社會，成就社會大眾。因此，職場心態，建議可把握四點：第一，盡心盡力，盡責盡分。第二，心平氣和，安於當下。第三，敬業樂群，和合共事。第四，感恩報恩，奉獻付出。前面兩點是成長自己，後面兩點則是成就團隊。以感恩心接受順逆緣，用報恩心奉獻結善緣，處處便是成長自我的大好環境。

寬心語

心平氣和，安住於工作，或許還能從中開發新的潛能，那就不是委屈於現實，而是超越了環境。

從正面角度看事情

剛到一個新的工作環境，工作時間長，工作量比他人多，可是論功計酬卻輪不到你，覺得很吃虧嗎？如果是我，能有這種機會真是太好，正可修福修慧。而現在的年輕人又是怎麼想？最近我便聽到有年輕人說：「感覺好像被利用了！」

現象並不等於事實

在職場環境中，工作需要與資深同事配合，而合作成果，公司可能只看到他人功勞；或者過程中，資深同事的語氣比較直接，如同下達指令，

也可能讓人無法接受。憑心而論，若非公司新聘任的高階主管，一般新進員工，常是從基礎做起，而由資深同仁帶領，熟悉工作領域。所以感到失望，癥結在於期待與現實的落差。期待受照顧、被關懷，卻事與願違，難免失落。然而，若是情況對調，你會怎麼做？

我們必須有個認知：現象並不等於事實，只能反映事情的部分輪廓。比如因為缺乏溝通，產生認知差距；或是僅參與其中一環，並非全然掌握。在這種情況下，從自己的期待、想像、思維來解釋現象，為此感到不平、受委屈，覺得自己被利用，均與預設立場有關。

為他人的成就感到歡喜

「感覺自己被利用了」是一種情緒反應，若是從「主事」與「配合」的角度來看，那就不同了。面對職場工作，有時我們扮演配合的一方，有時扮演主要負責的角色，對於職場經驗的養成，兩者都很重要。尊重主導的同事，自己從旁配合，佛法稱為「隨喜」，便是從整體的角度，為事情的成就感到歡喜。有了這種胸襟，將來扮演工作的主導角色，就會抱持一分同理心，更懂得如何分配工作、如何帶人。況且能夠被「利用」，正代表我們有被利用的價值，工作專業與工作品質都是受肯定的。

理解現象，包容狀況，持續溝通，既是成長自己，也在成就他人。聖嚴師父曾指出：「要有當別人墊腳石的心量，要有成就他人的胸襟。」提醒我們放大心量，從正面的角度看事情。只要是有意義、應該做的工作，抱著「只問耕耘，不問收穫」，成功不必在我，便能隨遇而安、隨事而喜、隨緣奉獻。面對任何事，能有成就他人的胸襟與氣度，自己的成長是最多的。

寬心語

理解現象，包容狀況，持續溝通，既是成長自己，也在成就他人。

如何處理心中的不平？

在工作或生活中，有一些人常常顯得很不快樂、不開心，別人講的話覺得刺耳，對他人的事批評多於建議；而與人互動的時候，只看缺點，不見優點，好像什麼事都看不順眼。這樣的人還不少，我們每個人可能也有類似的問題，只在於能否覺察。

看不順眼的原因

看什麼事情都不順眼，一定有其原因。或許個性傾向完美主義，或是比較容易鑽牛角尖，或許剛好遇上一些煩惱罣礙的事，等到心情好的時候，也可能看什麼事都順眼了。有些人對自己要求很嚴謹，也用放大鏡來看他人，只是這種嚴格要求，對自己是鞭策力量，若用相同的標準衡量他人，則不客觀，因為每個人的條件特質不同。

有位企業家分享，自己少壯得志、一帆風順的人生，曾使他養成孤傲的脾氣，認為事業成功，是自己辛苦打拼的成果；見員工辦事效率不彰、處理事情不夠圓滿，開口便是指責，對於社會亂象則是種種抱怨。學佛後才發現，把心中的種種不平，歸咎於他人與環境，那是完全錯了。一個擁有優勢與資源的人，應當服務他人、協助他人，才是真正的成功。

主動協助，多一些付出

家庭、職場、社會，都是生命共同體。尤其職場重視團隊共事，在共同的原則之下，人人都須盡責盡分，扮演好自己的角色。除此之外，尊重他人不同的思維與做事方法，並於能力所及之處，主動關懷他人，適時協助，也是盡責盡分。

可能有些人認為，將自己分內工作做好是盡本分，與自己無關的事最好不介入，是為人處世的基本尊重。其實不然，團隊工作攸關每一部門，局部有狀況，整體將受連帶影響。因此，只管分內工作，無視他人困境，就如鄰居失火，不去打火、救火，坐視不理，將使自己同陷火窟。

團隊是由眾人組成，有的人能力較強，有的人能力較弱。能力強而反應快的人，應當主動協助付出。在付出的同時，便是消融了自我中心，更能以謙卑的態度，廣結善緣。

因此，與其用放大鏡看他人缺點，是否可以學習用放大鏡來看他人的優點，而用顯微鏡看自己的缺點。同時，要有寬大的胸襟，不要小氣，也不要擔心別人勝過自己。懂得欣賞他人的優點，了解自己的缺點，用佛法、禪法、心法，「慈悲關懷人，智慧處理事，和樂同生活，尊敬相對待」，既能化解心中的不平，更能凝聚向心力，展現團隊共同的生命力。

如何不抱怨？

現代社會的職場生態，常隨大環境的因緣改變，而需要重整定位。在調整的過程中，工作內容與任務分編，也可能面臨重組。假使抗拒，而無法面對現實，便可能心生抱怨。然而我們也看到，有些人坦然正視現實，只想到如何從中學習，付出奉獻，如此正向思維，即是抱願。

抱願，不抱怨

願與怨，都是心的作用。一般人面對外境，隨之起心動念，抱怨、不平的情緒是煩惱心。就如許多人將自己的身體，及與自己相關的人、事、物環境，視為「我的」。認為這是我的工作、我的事業、我的家人、我的房子，都是「我的」財產。乍聽之下，似乎是對的，但若仔細想想，「我的工作」、「我的家人」、「我的事業」，都是貪取心。當現實符合心中欲求，便感到順心如意；反之，若是得不到，得到之後又失去，則生種種怨懟。

除了執著環境是「我的」，對「我」更是放不下，把身體當成我，更將思想、知識、觀念、意識型態，視為「我」，執著不放。

我提出「抱願，不抱怨」的觀念與心態，出發點是為了勉勵大家轉化消極負面的心念，提起正向積極的願心，奉獻利他，敬業樂群。然而，我們都還沒有開悟，還在學習慈悲與智慧，如何透過觀念與方法來調整自己，是非常重要的。通常我會建議，可從體驗著手，發現自己起了雜念、妄念，知道就好，不必對抗。練習放鬆、深呼吸，或是念佛、念觀音菩薩聖號等方法，能使情緒逐漸緩和，進而生起積極樂觀的正面心態。一回生、兩回熟，工夫自然愈純熟。同時還要保持謙卑，認知自己仍有習性，仍有許多成長的空間。

至於如何面對抱怨？主要有兩個面向：一是自己不抱怨，遇到境界，從內心觀照，調整心態。另外，面對他人的抱怨，則要善解、包容，感謝他人透過抱怨傳達關心。假使真有過失，則要修正；若是他人的抱怨並非真實，要學習消融自我中心，內心保持平靜與安定，使我們體驗柔和忍辱心。

把握奉獻的機會

因此，覺得自己受了委屈，或是被誤解，首先要反省檢討自己，有則改

之，無則避免。保持心態平和、穩定，在適當的時機提出建議，從愛護公司的立場來表達，效果會更好。

消融自我中心而使內心平靜、安定，不受外在人事環境變化衝擊，也不被心中的妄念、雜念糾纏，便能抱願不抱怨。

職場中，每個人都有各自扮演的角色，階段性也好、長期也好，有因緣奉獻就要承擔；因緣稍縱即逝，能為他人奉獻，應當及時把握。當我們的任務完成，也要學習放下，有因緣再繼續奉獻。如此，抱願不抱怨的人生，隨時隨地都是自在的。

寬心語

學習消融自我中心，內心保持平靜與安定，使我們體驗柔和忍辱心。

減輕壓力的方法

壓力，被稱為現代社會的一種文明病，許多心理學家及企管專家提供各式減壓方法，從講座到出書，都收到熱絡回響。我也從關懷行程中觀察到，現代人所面臨的身心壓力，確實如時代巨流，處理得好，能夠乘風破浪；處理不好，可能被巨浪所淹沒。

衡量自己的能力

身心不調是常見的壓力反應。原來可以做好的事而表現失常，一件單純的工作，變得沉重如山，都是因壓力導致的結果。職場工作，通常都有事先規畫及準備期。在這個階段，需要衡量自己的能力、條件與資源，能夠做到何種程度，需要借用哪些資源，都要考慮，並且設定完成期限。前置工作做得愈仔細，愈能精確掌握進度。然而，既已規畫工作進度，為什麼仍感到壓力難以負荷呢？

或許現實存在無法預期的因素，最主要是得失心。例如有人期待完美表現，而失去平常心；有人罣礙事情無法如期完成，有人在意他人評價，也有人受過去挫折的陰影牽絆……。儘管原因不同，無法專注，則是共同經歷。此時，不妨提起欣賞心，接受當下的自己。

用欣賞心代替得失心

所謂欣賞心，不僅是優點及做得好的地方要欣賞，缺點或是做不好的地方也要欣賞。欣賞心即是體驗自己的起心動念，清清楚楚每個念頭的生起。擔心、煩惱、雜念，知道就好，不跟隨、不對立，也不與它對話，就是抱著欣賞心，任它來，任它去。

欣賞心與放鬆是同時產生的。欣賞、體驗之時，身心自然放鬆。可從體驗呼吸著手，或是提起佛號攝心，出聲念，或在心中默念五至十分鐘後，雜念、妄念漸漸減少。再把注意力放在正在進行的工作，專注力即能展現出來。在專注的狀態下，身心還是保持放鬆，以放鬆、欣賞的心面對工作，就不會感到壓力。

用欣賞心轉化壓力，用放鬆的心體驗工作，不好高騖遠，能做多少是多少，如此收穫的不僅是工作品質，也是認識自己、成長自己的過程。如果壓力已超出身心負荷，則須適時反應，或向他人求援。畢竟身心健康，對自己、對職場，都是重要資產。

找出壓力來源，為了什麼感到壓力，而適時紓解壓力，是現代人必要的心理建設。因此，在聖嚴師父提出「盡心盡力，隨緣努力」兩句勉語後，我則延伸為「信願行十力」：「盡心盡力，隨緣努力。轉化壓力，成為助力。開發潛力，保持毅力。凝聚向心力，展現生命力。有願就有力，彼此共勉力。」希望大家能夠放下得失心，提起欣賞心，把壓力轉化為成長助力。

寬心語

用欣賞心轉化壓力，用放鬆的心體驗工作，不好高騖遠，能做多少是多少，如此收穫的不僅是工作品質，也是認識自己、成長自己的過程。

擔心得寢食不安怎麼辦？

過去常聽到老一輩的人講：「能吃、能睡就是福。」聽起來像是自我安慰的話，其實所言不假。對現代人來講，能吃得下、睡得著、笑得出來，是非常有福報的事。

用禪法幫助睡眠

常有人向我反映，生活與工作壓力，使他們長期處於失眠狀態，深受其苦。有人尋求心理諮商或是藥物治療，比如服用安眠藥，剛開始吃一顆能入眠，日後則須增量。知道自己生病卻求藥無方，心情更是沮喪。

如果不是長期失眠，而是短期內出現的失眠現象，當事人應當清楚失眠原因，比較容易處理。類似情況，經由醫療診斷，適時藉助藥物，可防止失眠症狀加劇。長期來看，還是須從心理調適及生活作息改變做起。

有些人睡眠品質不佳，上床後輾轉反側，不易入睡，經常多夢，主要是雜念太多。日有所思，夜有所夢，多為心中放不下煩惱罣礙，如果能夠參加修行活動，通常可以獲得改善。修行就是練習放下雜念、妄念，把心繫於方法上。日常生活中，可從放鬆身心，體驗呼吸，或是念阿彌陀佛、觀世音菩薩聖號；或是從「身在哪裡，心在哪裡，清楚放鬆，全身放鬆」的禪修方法練習，睡覺就是睡覺，雜念、妄念自然減少。

法鼓山舉辦的禪修活動，均從調心、調身、調息、調食、調眠著手，為禪修奠定基礎。透過「五調」，也可以幫助我們在工作或生活中安心、安身。因此，若有失眠現象的困擾，可嘗試參加禪修，或是念佛共修；也可以做義工，轉換生活情境，都有幫助。

學習放下

如果是因突發事件，導致身心衝擊，例如災難，或是家人意外往生，往往唯有宗教信仰，可幫助他們走過生命的難關。面對受苦受難的人，我常引導他們從信仰得到信心，以虔敬、懇切的心，向諸佛菩薩祈願，如果本身已有宗教信仰，建議深入信仰的核心，從仰信、解信、證信，得到心理的撫慰及心靈的昇華。

不論是家庭、感情、事業、健康，或是生死等問題所導致的

人生關卡，都要坦然面對、接受，從源頭去處理。至於處理的結果，無論是否符合心中期待，都要學習放下。為已經發生的事，擔心得睡不著、吃不下，對自己、對他人都不慈悲，也沒有智慧。

寬心語

從「身在哪裡，心在哪裡，清楚放鬆，全身放鬆」的禪修方法練習，睡覺就是睡覺，雜念、妄念自然減少。

接受批評的雅量

在職場上，難免遇到因為行事風格不同、立場有異，而有看法的落差。如果缺乏溝通，彼此產生誤解、批評，再經過有意無意地輾轉相傳、加油添醋，就可能演變成流言、誹謗的情況，甚至對我們的工作、生活及人際關係，帶來負面影響。

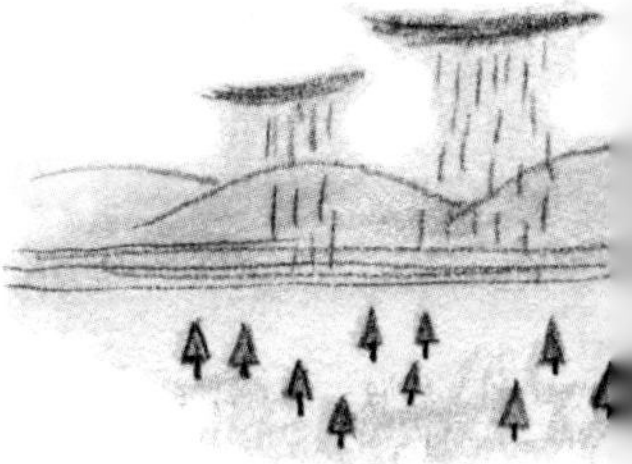

不受誹謗影響，做好本分

佛教經典中，常見佛陀對於惡口、誹謗等事，對弟子提出諄諄教導，除了反映佛陀時代面臨的景況之外，也說明流言和中傷，並非現代社會才有的現象，所謂「有人就有是非」，雖是慨歎的話，卻也說明煩惱與習性密不可分。

《長阿含經》有這麼一則故事：一對外道師徒，對於佛陀抱持正、反兩面截然不同的評論，佛弟子也議論紛紛。佛陀得知後，如此教導他的弟子：「這時你們只需要做兩件事，一是說法，二是思惟。」佛陀進一步說明：如果聽到有人謗佛、謗法、謗僧，你們不需要憤怒、煩惱、憂愁；同樣地，如果聽到有人讚歎佛、法、僧，也不需要高興、得意。為了誹謗而憤怒，對你們沒有幫助，為了讚歎而歡喜，對你們同樣也沒有助益。

由此可見，佛陀教導弟子：不應受他人無理的誹謗影響，也不必為了他人的讚歎而得意忘形，只要做好自己的本分事。

倘若我們也願意接受佛的教導，不妨試著體驗。聽到關於自己的負面流言，首先反省自己是否如流言所說。假使自己確實有錯，就要修正檢討。就算是為人處事問心無愧，畢竟還是凡夫眾生，難免有習氣，不可能永遠不受批評。若能「聞過則喜」，接受別人批評的雅量，把指責、批評的聲音，當成是改進、增上的良機，也就是一種人格的修養。

另一方面，流言若非真實，是否一定要回應，則須衡量處理。面對無端滋生是非、惡意傳播流言，所謂「謠言止於智者」，就是最好的因應之道。如果確實有誤解，而且攸關大眾利益之時，建議可以主動澄清說明，但不是爭辯、對抗。假使沒有說明的因緣，或者對方態度強硬，不願意接受，只有提起豁達的態度面對。力爭是非、對錯，甚至以牙還牙、以眼還眼，只會讓雙方更加對立，對彼此都沒有好處。

化敵為友

面對他人的指教，最好的心態是感恩、感謝、感化、感動。「感恩、感謝」對方成就我們有反省檢討的機會；學習以智慧處理事，以慈

悲對待人，便是「感化」自己。當自己的身、語、意行為調和柔軟，無形中，化解了人我之間的對立、衝突，就能「感動」他人，促使雙方能化敵為友。

對於團體共事，我有個心得：「理解現象，包容狀況，持續溝通，成就修行。」除了要理解，更要了解、善解、正解；有誤會則要化解、諒解，才能心開意解、迎刃而解。只要抱持正面的心態，人我關係一定能得到改善。

寬心語

當自己的身、語、意行為調和柔軟，無形中，化解了人我之間的對立、衝突，就能「感動」他人，促使雙方能化敵為友。

面對造謠修忍辱

語言與文字是人們賴以溝通的工具，使用負面的言語，便可能淪為傷人的武器。有些人出於嫉妒、惡意，或者彼此立場有利害衝突，互為競爭關係，透過語言文字打壓對方，以獲得自身優勢及利益。也有些人認為事不關己、隔岸觀火，則可能習慣東家長、西家短，平添茶餘飯後閒談聊天的話題。

在網路與數位科技發達的現代社會，由於網路匿名的特質，使用者可隱藏身分，若是不正當使用，也可能成為惡意謾罵、抹黑，及散布不實謠言的工具。公眾人物便經常成為受害者，為此而訴諸法律途徑的事件屢屢發生，甚至有人為證明一己清白而輕生，讓人慨嘆不已。

逆境是增上助緣

聖嚴師父也曾是流言的受害者。師父年近四十之際，計畫前往日本留學，當時許多人認為到日本留學必定還俗而加以勸阻；相同的話，一人傳，兩人應，使得護持者臨時取消學費護持。師父到了日本之後，還俗的傳言依然不止，甚至言之鑿鑿，說已另有其人燒飯、洗衣，甚至換下僧裝，改穿西裝的說法都有。使得師父的剃度師，中華佛教文化館開山東初老人，不得不親赴日本一趟，以探究竟。

師父雖曾痛心於流言可畏，仍然抱持對佛法堅定的信心，將無端的流言與批評，視為逆增上緣，更珍惜出家人可貴的身分。每日照常持誦觀世音菩薩聖號，祈求菩薩慈悲加護，發願積極努力完成博士學位，推動佛法教育，培養人才，弘法利生。

佛法常說：「忍辱多福。」遇到名譽遭受損害，不妨學習「忍辱」，或是學習像水一樣地柔軟。正所謂「抽刀斷水水更流」，意思是說，即使刀刃再怎麼鋒利，也難以截斷水流。又如「滴水穿石」，柔和寧靜的力量，足以改變環境。

柔和忍辱得自在

因此，我們常把「柔和」、「忍辱」融合並談，柔和的意思是柔軟，並非軟弱，主要體現於心平氣和，是非要溫柔。保持身心的平靜安定，不受外在環境影響而產生煩惱罣礙，便是柔和忍辱的自在作用。

許多人對於名譽損失難以忍受，不僅身心飽受衝擊，甚至影響求生的意志。佛陀的故事，或是各界善知識大德及聖嚴師父的經歷，則使我們明白，只要盡責盡分，扮演好自己的角色，外在的名譽則是虛幻，無須執著。

如何看待合夥人的背叛？

在多元與競爭激烈的商業環境中，事業的經營者與合夥人的關係非常密切。一旦面臨合夥人的背叛，可能導致公司面臨困境，並且對他人的信任產生劇烈衝擊。

從未反省自己

有位從事國際貿易的企業家，曾與自己的好友共同創業，一段時間後，友人決定拆夥、自行創業，而有部分業務跟著流失、轉向。面對合夥人與客戶出走，致使公司處境岌岌可危，然而最讓他罣礙的，是對人心的

信任。

值此人性考驗與公司營運的危機，一個是事項之難，一個是內心之難，他的處理方法，還是一如往常，持〈準提咒〉攝心、鍊心。有一天覺照到從未反省自己，只是一味怪罪對方。冰凍三尺，非一日之寒，回想當初合作之時，確實有些契約沒有談清楚，以致對方對自己有些疑慮或誤解，只是自己沒察覺罷了。有了這番醒悟，心中的傷痛、埋怨與憤怒等等負面情緒，剎那間完全消解。

釋懷之後，他反而衷心感謝事業危機帶來的人生轉折。因為利益損失僅是一時，調整自己的人生觀及經營事業的態度，則是影響深遠。

危機即是轉機

生命旅程中，遇到難題或挫折，除了可用「四它」來面對、接受、處理、放下，也可像這位企業家，透過自己平時攝心、安心的方法，讓紛亂的心緒趨於沉澱、平靜，更有助於處理問題。反省檢討，有過則改，危機即是轉機。

就如佛法教人要慚愧、懺悔。所謂慚愧，自己有過錯，或是可以做得更好而未盡全力，叫作「慚」；對不起他人，或是可以幫助他人而有所保留，即是「愧」。所謂懺悔，不是懊悔，而是律己、承認過錯，下定決心改過，不再重蹈覆轍。藉由慚愧、懺悔，消融自我中心，身心清淨得安樂。因此，佛法對於個人行為的改正、反省，非常重視慚愧心，由慚愧生起懺悔心，修正自己的過錯，並向他人致歉。

慚愧、懺悔，就像在內心的暗室中點亮一盞燭光，照破內心的灰暗之處，也照亮了光明的前程。這位企業家展現難得的胸襟，省思合作過程

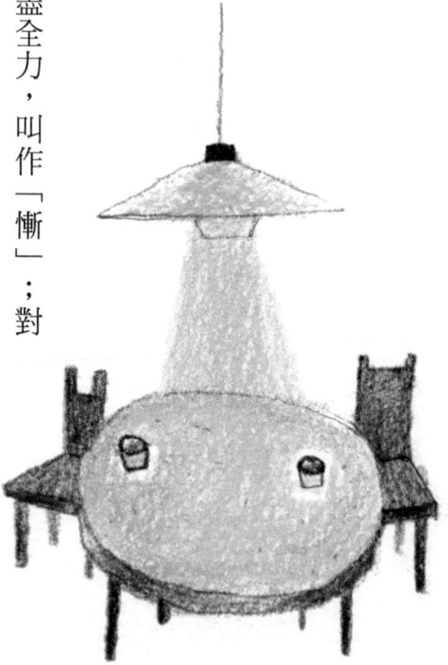

中，因自己說明不足，致使友人產生誤解；並在事情過後，感恩這次事件帶給自己反省的機會。因此，他不再怪罪友人，甚至把公司流失的客戶及損失的商業利益，全部都當成是一份補償，並且祝福對方，從此放下心中的負擔。

寬心語

懺悔，不是懊悔，而是律己、承認過錯，下定決心改過，不再重蹈覆轍。藉由慚愧、懺悔，消融自我中心，身心清淨得安樂。

阻力就是助力

在正規的教育體制下，由於個人條件的差別，以致學習成效有所不同，許多學習成就低落的孩子，可能因此遭遇挫折，甚至成為難以釋懷的陰影。

英國有個十五歲的男孩，從小立志做一名科學家，然而就讀中學時期，他的成績排名總是墊後，常被同學嘲笑是笨蛋，老師也在成績評量中寫著：「想當科學家的志願看起來非常荒謬……，想走這條路，對你自己及未來教導的老師，完全是浪費時間。」

無法理解教科書及老師上課講授的內容，對某些學生已是一種挫折，若還因此遭受同學輕視，甚至老師也給予負面評價，所造成的心理傷害，

如同雪上加霜。

堅持走自己想走的路

批評的聲音，多半是個人主觀的看法，並不等於事實。人們也常希望跳脫主觀，盡可能保持客觀。但是不容否認，所謂的客觀，多數情況下僅能說明眾人的見解、觀點相近，也非完全的客觀。只是在個人主觀與多數人意見形成的相對客觀二者之中，相對的客觀，還是值得重視的。

另一方面，每個人都要有自知之明，認識自己的優點及缺點，就不會過於在乎他人的評價。因為即使是公認的好人，也會受人批評。一般人則是多半不好不壞，有人贊同你，必然也會有人批評你。因此，他人的評論可以參考，卻不必做為檢視的標準，重要的是，自己是否誠懇、謙虛，待他人是否體諒、包容。

這位英國男孩的名字是約翰．戈登（John Gurdon），在二〇一二年獲得諾貝爾醫學獎。儘管當年的老師及同學並不看好，他並沒有因此頹喪、灰心，雖曾一度轉向研讀古典文學及基督教神學，最後仍堅持早年的志願，做一名科學家。有趣的是，多年來，他始終把當年老師的成績評量置於辦公桌上，每當人生或是學術研究遇到瓶頸，他便看著這份報告，心想也許當年老師的評價是對的，當作是一種激勵。

盡力去做、盡力去學

聖嚴師父年少時曾因啟蒙較晚，有段時間趕不上同學的進度。師父怎麼看待呢？師父說，即使被人瞧不起，還是要自我努力，盡力去做、盡力去學。被人看不起是正常，那是因為沒有福報、沒有智慧。所以，其他同學只花一小時就能完成的功課，師父則付出三、四倍的努力，以勤補拙。

禪宗也有一則故事，記載寒山與拾得兩位禪師的對話，值得我們體味。寒山問：「世間謗我、欺我、辱我、笑我、輕我、賤我、惡我、騙我，如何處治乎？」拾得答：「只是忍他、讓他、由他、避他、耐他、敬他、不要理他，再待幾年，你且看他。」

負面評價可能是人生的阻力，也可以是人生的助力。不論阻力也好、助力也罷，關鍵還是在於我們自身的努力。只要抱著「盡心盡力，隨緣努力。轉化壓力，成為助力。開發潛力，保持毅力」的態度向前行，自然能走出活路。

寬心語

每個人都要有自知之明，能夠認識自己的優點及缺點，就不會過於在乎他人對自己的評價。

工作要趕不要急

現代社會的一大特色便是忙，許多人忙於工作、忙於家庭、忙於事業，也忙於經營人際關係，更有無所不在的社群消息需要回應。當我們忙著回應外在環境，牽掛得放不下，反而失去與內在生命的聯繫。以為擁有全世界，其實多半僅接受了世界的噪音，而將煩躁與不安，回饋我們每天的生活。

此外，由於網路時代的特性，許多人身兼數職，辦公場所不再限於定點，處處可以是行動辦公室，更覺得時間不夠用。被時間追趕，還要如期完成工作，身心難免緊繃。在這種情況下，如果不善於時間規畫，也不懂得調整身心，日積月累將拖垮身體。

從放鬆身心開始

法鼓山有個修行活動叫作「自我超越禪修營」，在活動圓滿時刻，學員常談起，從忙碌的工作中撥出時間參加禪修營，有多麼不易。在經歷四天三夜的活動之後，反而很欣慰做出這個明智的選擇，因為禪修營的體驗，使他們對工作與人生，別有一番領會。

曾經參加禪修的人都知道，禪修須從放鬆身心開始。聖嚴師父曾提出三句話，送予為工作而忙的大眾，便是「要趕不要急，要忙不要亂，要鬆不要緊」。

第一、要趕不要急。工作要趕，心不要急。心急，身體一定緊繃；身體緊繃，工作效率必然不佳，就連工作品質及身體健康也會受影響。「趕」是積極、負責、承擔的態度，「急」是焦急情緒的顯現。期望把工作做得又快又好，求快的同時，更需要專注，步步踏實、確實，否則的話，欲速則不達。

至於已經計畫好的事情，也可能面臨新的狀況，需做調整。所謂「計畫趕不上變化」，學習抱持開放的態度，面對、接受，嘗試去促緣，內心保持從容，再回到按部就班，循序漸進地處理。

忙中有序

第二、要忙不要亂。事情很多、很忙，更需要忙中有序、事多而不煩。釐清時間的優先順序與工作的輕重緩急，格外重要。因為職場工作，難免在同一段時間之中，有許多事情要處理。雖然有些人聲稱自己可以一心多用，其實一心多用的狀態，多半只是淺層反應，需要深入思考的事，大概不容易做到。因此，建議具重要性且時間緊迫性的工作，可列於優先。如果手邊同時有重要性與被臨時交付的工作，則可先與主管討論工作的先後次序，讓彼此對於時間與工作進度，都能有效掌握。

第三、要鬆不要緊。主要是練習使身體放鬆。察覺自己身心緊張，不妨暫時放下工作，稍事休息，或是走動一下，練習放鬆。就是兩、三分鐘的休息，也會很有幫助。

在多元且變化快速的現代社會，如果常常覺得時間不夠用，不妨提起「要趕不要急，要忙不要亂、要鬆不要緊」的禪修要領，帶著禪心去上班。

寬心語

期望把工作做得又快又好，求快的同時，更需要專注，步步踏實、確實，否則的話，欲速則不達。

真正的隨緣

人生每個階段都是新的學習，年輕人剛進入職場，正是學習成就自己、成熟人生的階段。大家都希望找到的工作，能夠符合自己的專長。只是許多事情須講因緣和合，找工作也是如此，與時間、地利、人和都有關係。不過，往往有人一聽到因緣或是隨緣，便與消極連結，以為隨緣是一種不努力的藉口，其實這是誤解。隨緣，是把握因緣、創造因緣、隨順因緣。

垃圾桶哲學

公益平台文化基金會董事長嚴長壽先生，年輕時的第一份工作，是在美國運通公司擔任傳達小弟。他很感恩地說，自己從中學習的成長太多了。他的學習就是從基層做起，主動找事做。同事有什麼事沒時間做、需要找人做，隨時主動服務，這便是他口中的「垃圾桶哲學」，促使他成為日後全方位的經營管理人才。近年，他全心投入公益文教事業，並致力提昇臺灣精緻旅遊，成果斐然，使人感佩。

嚴董事長的「垃圾桶哲學」，就是把握因緣、創造因緣，主動爭取為他人服務的機會。聖嚴師父也有一段話，提醒我們珍惜因緣。師父每到一個地方，無論演講或是關懷，心中只想如何為大家帶來好處。青年朋友不妨也抱持這份服務與學習的心來看待工作，所謂工作的舞台，並非得做大事不可，只要願意奉獻，就可以發揮潛能，打造屬於自己的舞台。

隨緣盡分

我們的身心世界，都是因緣暫時組合而成，經常都在變化，便是佛法所講的緣起、無常、無我、空。但是誤解佛法的人，以為無常的觀念很消極，卻未能體認，正由於現象無常，才有努力的空間，才有轉變的可能，才有活路的契機。所謂「日新又新」，便是無常的最佳詮釋。

佛法講因緣，一定不離因果，即是因、緣、果三者具足。所謂因果，我們現在所擁有的身心環境，是因過去的行為所致；此刻的身心作為，也與未來息息相關。建立正確的因果觀，能使我們持續努力，知道人的一生有限，珍惜生命，善用生命。建立正確的因緣觀，能使我們精進豁達，明白因緣聚散僅是暫時現象。順利成功不得意忘形，逆境失敗不頹喪灰心，而把一切過程，當成是人生珍貴的體驗。

把握因緣、創造因緣，才是隨順因緣的真義。

如何隨緣？建議掌握三個原則：第一，認識自己，清楚自己的優勢與不足之處。第二，認識環境，盡可能多參與，增進對工作環境的了解。第三，認識因緣，認知一切事情，都需要眾多因緣和合，因緣不具足，表示機緣還未成熟，而要暫時放下。放下，不等於放棄，還是持續努力、成長自己。等待因緣成熟時，積極付出。

無論順境或是逆境，都是人生鍛鍊、體驗、學習、成長的過程。若能把握這三個原則，相信處處都是人生與工作的舞台。

寬心語

建立正確的因緣觀，能使我們精進豁達，明白因緣聚散僅是暫時現象。順利成功不得意忘形，逆境失敗不頹喪灰心，而把一切過程，當成是人生珍貴的體驗。

第三篇

人生好隨緣

隨緣不變的人生

每個人出生的背景不同，成長環境有別，各有各的資質和身體基礎條件，即使同為一家人，也有不同性格。從佛法來講，都是因果、因緣作用的顯現。

「因」是因素，兩種以上的因素聚合，產生作用，稱為「緣」；多種因素配合一起，成熟後產生的現象，則為「果」。任何物質、精神現象都是由多重因素所組成。猶如種子需要陽光、空氣、水、土壤等相關條件的配合，才能開花結果。人生的生、老、病、死，與植物的生、住、異、滅一樣，每一瞬間都是因緣和合的「果」，同時是下一瞬間的「因」；因、緣、果不斷循環，隨緣變化，即是生命的緣起。

人生為何？

如果能正確理解因緣、因果的法則，人生觀就能非常清楚，也就是：「生從何來？」「人生為何？」「死往何處去？」對於這三個大哉問，聖嚴師父曾以生命的意義、生命的價值與生命的目標，與我們共勉。

生命的意義，是因受報和還願而來。過去許諾而未能實現的願，或是造作了種種行為，其結果在今生接受。

生命的價值，在於負起責任，完成一生中必須要完成的責任，並且盡可能運用有限的生命，做最大的奉獻。

生命的目標，需要有個大方向，做為永恆的歸宿。以佛教徒來講，即是把自己所有的一切，分享給人，把功德迴向一切眾生。同時要不斷發願，願能夠自我成長與自我消融，以圓融與超越的態度，藉由人生的歷程，不斷地奉獻。

接受人生各種因緣

正向的人生觀，能使我們坦然面對一切順逆境緣。練習以平常心接受自己的果報，就不會被任何單一事件困住。正面解讀，逆向思考，能使我們隨順因緣，把握因緣，進而創造因緣。從心體驗因果因緣的生命事實，便能面對、接受、處理、放下。

在《美好的晚年》一書中，聖嚴師父自述，人生只有兩類事要做，一類是主動的興趣，想要做的事，而在能力所及之處，主動去促成；一類是被動的任務，因他人、大眾，或是團體、社會需要，盡心盡力配合參與。不論是興趣或者任務，都不是負擔。

人生的旅程，能夠承擔負責，大事、小事，都是好事；能與慈悲智慧的願心相應，大事、小事，皆是佛事。

寬心語

正面解讀，逆向思考，能使我們隨順因緣，把握因緣，進而創造因緣。

無常最積極

佛法的人生觀，以因果、因緣為原則，以慈悲、智慧做引導。或許有人感到沉重。問題在於我們所體驗的慈悲智慧、因果因緣是什麼？如果是一種生活方式、一種生命態度，是否可以體驗看看呢？

以無常來講，也許我們觀念上都能夠理解，身體、心理與人、事、物環境，每一刻都在產生變化，生、老、病、死是人生必經歷程。然而理解與體驗是不同的層次，從內心體驗，才能生起生命的踏實感。

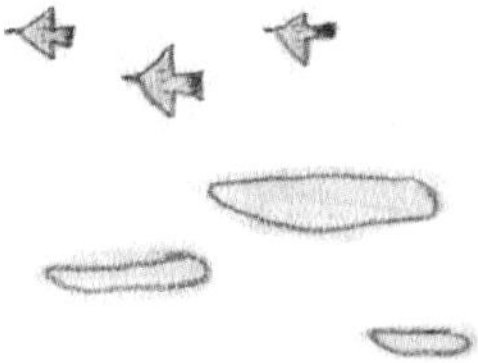

無常人生

有位女士因身體不適就醫，以為僅是小毛病，經過檢查，罹患惡性腫瘤，必須立即進行手術。由於事發突然，也為了爭取時間，當下辦理住院。她的內心始終平靜，只打了電話請先生代為處理要事，也向親友致意。倒是她的先生在電話中激動啜泣，當晚趕至醫院，夫婦倆一番長談。

這對夫婦坦然面對無常的事實，安於當下，當機立斷，接受治療，需要處理的事照常處理。後來手術很順利，經歷漫長的恢復期，這位女士已重返家庭與職場軌道。事後談起當時的心境，她說很感恩、很知足。最大的收穫是，活在當下，以知足、謙卑的心，善待自己的人生，珍惜身邊一切人、事、物因緣。

把握當下

每個人從出生以來，均須倚賴父母、師長、朋友及社會關係網絡的支持，包括人類的歷史文化，也是滋養個人生命得以延續的事實。然而平時的我們，由於心不斷向外攀緣，所思所想、所作所為，都在不斷地自我膨脹，把家庭、工作、團體，當成是我的，只看重自己的重要感，卻看不見他人的付出，更看不見從他人與整體環境所接受的恩惠。無常的體驗，能使我們重返當下，思考如何在有限的生命中，好好善用人生，發揮最大的

功能。

就如這位女士從生病的過程，感受自己的人生，得到的很多，付出的太少，因此心懷感恩知足。回到日常生活軌道後，只想到盡心盡力扮演好自己的角色，可以做的，盡力而為；能夠付出奉獻，欣然成就。與家人及同事相處，更能夠體諒包容。

生病，或許讓身體受折騰，然而心力與心量，可以不打折扣，反而因無常的示現，調整生命的價值觀，踏踏實實把握現在，將生命中擁有的資源與人分享。因此她說：「病得很值得。」

寬心語

無常的體驗，能使我們重返當下，思考如何在有限的生命中，好好善用人生，發揮最大的功能。

無障礙的心理環境

現代社會有許多建築與街道，強調無障礙道路及無障礙空間，假使我們同意無障礙環境是需要的，是否也曾想過：「無障礙的心理環境，同樣不可偏廢？」

加強對環境的免疫系統

從佛法來看，凡是身心有所阻礙，都是病。生理的病，或可從醫療獲得改善，心理的病，則須從觀念、心態調整。我常分享，痛是生理的現象，苦是心理的反應，內心不隨病痛而起煩惱，便能痛而不苦，因為心中沒有阻礙。

無障礙的心理環境，可從事先的心理防護做起，就像打預防針，加強對環境的「免疫系統」。主要是建立正確的人生觀，認知一切現象都有其原因，唯有面對、接受，提起承擔。另一方面，則須從內心體驗著手，當雜念、煩惱生起，透過觀念疏導與安心的方法練習來處理，處理後就放下。

談起無障礙心理環境，罕見疾病家庭走過的心路之旅，可供我們借鏡。我曾多次參與罕見疾病基金會活動，看到病友家庭，從父母到小孩，心態都非常陽光。當他們感謝整體大環境提供的無障礙空間更趨友善時，也讓我從他們身上，看見無障礙心理空間逐步成長、擴充，希望光明無限。

根據罕見疾病基金會的數據統計，至二〇一四年八月止，基金會服務的罕見病類，有二百三十二種，服務個案近五千人。多數罕見疾病的主要成因，來自基因發生缺陷，導致先天性疾病，另有部分疾病，迄今尚未發現確實病因。

如此與時間賽跑的生命，讓許多家庭實無正常的生活作息可言，所謂

「蠟燭兩頭燒」，已不足以形容生活帶給他們的重擔。而從他們走出困境的歷程，可發現有兩股力量，扮演關鍵的轉化動能。

提起承擔

其中之一，是對外積極尋求支援協助，包括家庭支持、對醫療團隊的信任，以及病友協會彼此砥礪分享，都是協助解決問題的後盾。另一股力量，則從心態改變，勇於承擔「不落跑」，將人生中一切順逆因緣，內化為生命的體驗、鍛鍊、學習與成長。一位罕見疾病家庭的父親就說：「我要感謝我的女兒，我所得到的一切，都是因她而有，這是老天給我的賞賜。」

提起承擔，盡責負責，身心是平安的；奉獻所擁有的資源，感恩心勝於一切。如此難行能行、難忍能忍、難捨能捨的人生，正是菩薩身影。在佛教經典中，菩薩以身救苦，必須與眾生一起接受苦難，只為了救苦救難。罕見疾病基金會病友及家屬的經歷，如同人間天使、菩薩的示現，永遠不放棄希望與利他的願心，而為人間社會帶來溫暖與光明。

知苦受苦，才能離苦救苦；救苦救難，並不等於有苦有難。二〇一四年法鼓山關懷生命獎特別頒發「團體大願獎」向他們致敬。

寬心語

無障礙的心理環境，可從事先的心理防護做起，就像打預防針，加強對環境的「免疫系統」。主要是建立正確的人生觀，認知一切現象都有其原因，唯有面對、接受，提起承擔。

照顧生病的家人也能培福嗎？

俗諺說：「久病床前無孝子。」雖是世俗慨嘆的話，卻也說明長期照顧生病的家人，並不容易。家中若有人生病，無論長輩，或是其他成員，所影響的層面相當廣泛。例如家人的工作是否需要調整、家中的經濟條件是否足以負擔，家人的身心如何調適等。

尤其現代社會多由小家庭組成，安家經費多從工作而來，如果是雙薪家庭，其中一人換了長期病症，尚有一人可維持正常工作。而有些家庭為了照顧生病的家人，夫妻兩人的工作都受影響，把正職轉為專案、臨時性的工作，便是一種作法。

做好心理準備

在我關懷的過程中，常看到家屬為了照顧生病的家人，付出許多時間、心力與體力，隨時得留心病人的各項需要，夜間更要留意種種狀況，身心經常處於緊繃的狀態。如果無法適時調適，可能就會把照顧家人的責任視為苦差事，內心覺得委屈。

從佛法來講，身心為「正報」，環境為「依報」，今生與家人的因緣，也是從過去生帶來的。家人是與我們關係最密切的依報環境。若能有此體認，就不會覺得照顧生病的家人是種委屈，而是與自己相依的生命共同體，更能體諒、包容。

不過，從現實層面來講，照顧長期生病的家人，還是需要有心理準備。第一是清楚照護的工作是長期的；第二是體諒、包容病者需要心理調適的過程；第三要懂得照顧自己，放鬆身心、放下身心。放鬆身心是安定的工夫，放下身心是智慧的功能。生理及心理層面都能照顧好，才能照顧好所要關心的對象。

照顧病人是福田

在無始無終的生命長河中，若非因緣深厚，今生難以成為一家人。照顧生病的家人，不是負擔，而是本分事，給予我們學習關懷與培福的機會。培福的對象，實無親疏遠近之分，只要有人需要，盡心盡

力去做，就是在植福、種福。家人是每個人生命中最親近的福田，更應珍惜、把握。

恰到好處地把自己的角色扮演好是智慧，及時適時地關心身邊的每一個人是慈悲。從生活層面來照顧生病的家人，從身心安定來成長自己。若能如此，個人與家庭環境整體，便能同時改善、提昇。

寬心語

培福的對象，實無親疏遠近之分，只要有人需要，盡心盡力去做，就是在植福、種福。家人是每個人生命中最親近的福田，更應珍惜、把握。

生病更要誦經、念佛

有些公眾人物將自己或家人生病的歷程，以著書、演說的方式公開分享，無論是好的經驗、曾經走過的冤枉路，娓娓道來，供社會大眾借鏡。其中，不乏可見誦經、鈔經、念佛菩薩聖號等方法，扮演心靈療癒的主軸。

培養專注力

佛經的書、寫、讀、誦，主要有三種功能：一是培養專注，使身心安定；二是熏習佛法，依教奉行；三為代佛說法，將功德迴向一切眾生。剛開始接觸，主要在於收心、攝心，身心安定，漸漸可進入第二、三層次的修行體驗。初學佛法者如果一開始即能抱持依教奉行、迴向眾生的精進心與廣大心，便是發了菩提心，信心的培養對學佛很重要。

誦經是把佛經的經文誦念出聲，或是讀經不出聲，一字一句，清清楚楚，可幫助我們專注，心無旁騖，而使內心平靜、安定。鈔經是透過抄寫，使心念安住於手寫的動作。剛開始誦經、讀經或是抄寫，難免還是有雜念，發現後，再回到誦經、鈔經即可。經常練習，漸漸也可了解經文意涵，或從歷代祖師大德註釋講記，幫助理解。

念佛同樣具有攝心、安定的功能。念佛不一定要念出聲，也可默念，心念與佛號相應最重要。至於念佛的方法，可念四字「阿彌陀佛」，或念六字「南無阿彌陀佛」。「南無」是皈命、皈敬的意思，初學者念六字佛號，能從內心生起恭敬心，身心安定而念四字佛號，較能正念相繼。

「阿彌陀佛」是無量壽、無量光之意。無量壽代表時間無限、福德無限，無量光代表空間無限、智慧無限。佛的慈悲與智慧光明，超越一切時間與空間。永明延壽禪師說：「一念相應一念佛，念念相應念念佛。」

《維摩詰經》也說：「若菩薩欲得淨土，當淨其心；隨其心淨，則佛土淨。」一念與佛相應，便是一念出離煩惱，一念心清淨；若能念念與佛相應，也就是生活在淨土中。

如果平時常念觀世音菩薩聖號，不必因生病改念阿彌陀佛聖號。佛佛平等，菩薩與菩薩平等，諸佛菩薩的願力，都在救濟、度化我們心中的苦厄。

心安平安

佛法有八萬四千法門，都是對治眾生從煩惱衍生的種種身病與心病。不論因身病或心病，而開始修學佛法，重點都在於消融自我中心。生病時，則要放下對健康與病痛的執著，從收心、攝心開始，漸漸體驗心安平安。並且將自己得到的心安平安力量，分享給所要祝福的對象，進而迴向給一切眾生，讓眾生能因你個人修行的功德受益，也能得到諸佛菩薩的護念與福佑。

面對病痛的方法

一般對於生病的看法，是指身體處於非正常的狀態下，而無法發揮應有的功能。佛法則從構成身體的四大元素「地、水、火、風」產生不調，因此而有生病的現象，及從業力法則，視為自然的果報。

聖嚴師父曾說：「別人生病的時候覺得是倒了楣，希望趕快好，心裡怨恨，口頭嘆苦。而我生病看醫生，要病多久才好，則不去管它，病沒有好是業報，病好就是業消了。」

生病時，某些疾病可從積極醫療而獲得改善，有些疾病則否。因此，有些人尋求宗教信仰或是修行的力量，希望能改善病痛的苦受。而信仰與修行，真的可以減輕病痛嗎？

痛不等於苦

我還是要強調，痛不等於苦，痛是生理現象，苦是心理反應。佛教的修行方法重在鍊心，並非直接減輕生理的病痛，而是使病痛的注意力轉移。包括禪修、念佛、誦經、持咒等方法，都具有鍊心功能。聖嚴師父提出的「四它」：面對它、接受它、處理它、放下它，即是從禪修的體驗，接受痛的事實。或者是「觀」痛的無常變化，不給比較、形容、判斷，體驗而不介入，心念與情緒便能減少，也能轉移對病痛的苦受。

信心則是另一種修行經驗，從身、語、意行為轉化，與信、願、行相應。信心的建立，除了相信佛、法、僧三寶，也要相信自己本具佛性，透過修行的過程，未來也將成佛。因此，念佛首在發願迴向。一心一意持名念佛，當心念時常與清淨的佛號相應，身體的種種不舒服與煩躁感，就會被柔軟、光明的心量所包容，便是正念相繼的功德，也是阿彌陀佛慈悲的護佑。

此外，可以練習把病痛當成是佛菩薩，學習佛菩薩的慈悲與智慧。放下對身體的執著，放捨心中的恐懼、憂慮、害怕感受，提起願心承擔眾生苦難。另可從慚愧、懺悔，幫助我們消融自我中心的執著，懺除無明煩惱，身心清淨得安樂。

念佛的方法

生病期間，倘若體力仍可禪坐，可以持續。假使體力比較虛弱，建議念佛，發願迴向。可念六字佛號「南無阿彌陀佛」，或是四字佛號「阿彌陀佛」。經常念佛而身心趨於安定，則可以四字佛號為主。假使身體狀況無法跪拜，可以坐在床上念佛，若是久臥、氣弱，可於心中提起佛號，默念即可。也有人手持計數器或是念珠做為輔助，對於專注、安定是有幫助的。念一聲佛號，數一顆念珠，或是念佛與計數同時，都是可行方式，能夠攝心、安心，就是最好。若是過度執著量化的數字而造成煩惱，那就不是修行了。假使重症而氣息散弱，可於手中拿著念珠，不撥念珠，合掌而於心中默念佛號，同具有念佛功德。

有些人以每日定課，恆持精進。若遇突發狀況，也不必因此急就章。把時間提前、延後，也是調整作法，重點在於修行與生活不分離。如果病人的身體狀況無法安排定課，也不必執著。從攝心開始，慢慢培養成好的習慣，再從精神內涵與慈悲智慧相應，都是修行的體驗。

心自在，身自在

聖嚴師父晚年曾經分享，

每當經歷生死關卡，常於心中念佛菩薩聖號，並非為了度過難關，而是發願迴向：「但願眾生得離苦，不為自己求安樂；若眾生離苦，自苦即安樂。」這是在教導我們，修行的初發心不是為己，而是利益一切眾生的大悲菩提心。

以大悲願心為引導，透過修行使我們的行為得以修正、清淨，心自在而身自在，身心自在則福慧自在。無論身體是否恢復健康，身心清淨，便能體驗活在當下，佛在當下。

寬心語

當心念時常與清淨的佛號相應，身體的種種不舒服與煩躁感，就會被柔軟、光明的心量所包容，便是正念相繼的功德，也是阿彌陀佛慈悲的護佑。

面對死亡要發願

有些人因接受藥物治療，經常處於昏睡狀態，清醒時間並不多。清醒時，如果還能提起正念念佛，非常不容易，也非常值得讚歎。假使病人已無法言語，家屬或者親友可於病人床邊，放置一台念佛機，讓當事人於半睡半醒之間，能聽見平穩的佛號聲，也是可行方式。

在人生最後的階段，念佛發願往生佛國淨土，把生命交給佛菩薩是最重要的。然而發願往生佛國淨土，與一心想著：「佛菩薩為什麼還不來接引我？」兩者是不同的。人生的福報、業報未了，要走走不了；人生的福報、業報已了，想留留不住。不貪生，不怕死，也不尋死，才是面對死亡的健康態度。珍惜當下的每一口氣，念佛保持正念，便是成就自心淨土，

當下也就身在佛國淨土，同時具足日後往生佛國淨土的資糧。

發願的力量

人生每個階段都要發願，面對死亡更要發願。為什麼發願如此重要？

曾經有位信眾患了腫瘤住院，醫生評估大概撐不過三天。這位信眾便要求聖嚴師父為她舉行往生前說法。師父只要她發兩

個願：第一，若是病好以後，活著做什麼？第二，如果病醫不好，往生之後去哪裡？這位信眾當場發願，把未來的兩條路都想好了。師父說：「很好！妳已經不需要我開示，就依照妳發的願去做吧！」一出院後，她按照自己所發的願，利益眾生，投入生命的修行。那位信眾當年三十來歲，現今已經六、七十歲。

向佛菩薩學習

佛教的淨土經典指出，往生前念佛、發願前往西方淨土，最重要的是發菩提心。發願是擴大心量，菩提心是向佛菩薩學習，發起利益一切眾生的大悲心。在生命的每個時期，都應如此發心、發願，才能增長我們的慈悲心與智慧心。因此，在生命最後階段，假使能夠繼續活著，當然很好；假使世壽已盡，也當歡喜接受，繼續邁向下一階段的精進修行，充滿希望與光明。

除了發願往生西方極樂世界，也可以發願生生世世學佛，乘願再來人間，廣種福田。能夠發大願心，都是對自己、對佛法有深厚的信心。假使尚未建立修行深厚的信心，還是以發願往生西方佛國淨土，得不退轉，最為可靠。

寬心語

發願是擴大心量，菩提心是向佛菩薩學習，發起利益一切眾生的大悲心。在生命的每個時期，都應如此發心、發願，才能增長我們的慈悲心與智慧心。

難道做的善事還不夠？

死亡是每個人都需要面對的一堂課，有時這堂課是從親人身上示現，走進我們的生命。常常在意外事故中，看到無助、無奈的家屬，陷於悲痛與哀戚，而白髮人送黑髮人的情景，更使人不捨。

面對家人意外往生，因為種種疑惑、憤怒與傷痛無法釋懷，而從果報尋求解答，都是人性反應。因此，曾有人問我：「為什麼這樣的事會發生在我身上？難道做的善事還不夠？」

把握現在

三世因果，錯綜複雜。過去有過去的現在、未來，現在有現在的過去、未來，未來也有未來的過去、現在與未來。無論是一期一期的生命之流，或在前念、後念的剎那之間，能夠把握的不是過去，不在未來，只有現在。

失去家人的悲慟，一時要放下並不容易，往往需要時間調適，然而最重要的，還是要建立正確的因果因緣觀，從受報償債及還願發願的心態，勇於承擔人生的責任，把對家人的愛，昇華為慈悲。

以慈悲轉化傷悲

肉體生命是可貴的，也是短暫的，更應當珍惜、善用有限的生命，成就無盡的慈悲智慧生命。從佛法而言，在肉體生命之外，生生世世不間斷的法身慧命，才能真正的救度自己，利益他人。

因此，佛教鼓勵人發願提昇生命的品質，便是以智慧處理自己的問題，用慈悲幫助他人解決煩惱，而讓自己與他人，都能得到平安、健康、快樂、幸福，即是自度度人的悲智菩薩行。

人是有情眾生，具有愛與關懷的本能。面對親人往生，傷感、不捨雖是正常的反應，卻可練習由近而遠，從小而大，自淺而深，逐漸把愛與關懷擴大，才能將喜樂憂苦的情感，昇華為利他的慈悲。慈悲是廣大、平等的愛，沒有條件的付出，利益一切眾生，心無所求。

今生能有因緣成為一家人，須珍惜把握。白髮人送黑髮人，固然使人不捨，但是能夠生他、育他、養他、栽培他，而能學習放下親情執著，以慈悲心為孩子送行，是大慈悲，也是大智慧。因此，並不是做的善事還不夠，而是難行能行、難忍能忍、難捨能捨，展現悲智願行的菩薩精神。

寬心語

肉體生命是可貴的，也是短暫的，更應當珍惜、善用有限的生命，成就無盡的慈悲智慧生命。

交代人生最後的心願

從我出家以來，常有因緣關懷重病者或是臨命終者，感受到當事人與家屬對於身後事處理的問題，非常重視，卻也非常罣礙。

交代身後事

假使當事人能夠主動提起，掌握有限的時間，與家人彼此感恩，也是結善緣。如果有想要完成的心願，可以做的，積極去完成，或是請家人協助，才不至於造成遺憾。主動與家人談起身後事，是讓彼此不留遺憾；當事人心中沒有牽掛，家屬也會感到欣慰。

至於交代身後事的機緣，能夠很自然、沒有罣礙地談起，就是最好的時機。預立遺言也是可行方式，讓家屬有個依循的目標與方向，不至於因家人意見不同，產生煩惱。如果事先能與家人溝通、表達，也是對家人的慈悲。

然而，預立遺言與預立遺囑的不同之處，在於預立遺囑必須經由法院公證，才具有法律效力。預立遺言，則是對自己的一生盡責負責，或是表達心願。內容可包括：生命末期的醫療方式，或是對身後事的處理方式。也有人向家人表達感恩，給予後代子孫勉勵，讓人感覺非常溫馨。預立遺言的內容，可視當事人需要，隨時予以修正。

學習放下，往前看

預立遺言雖不具法律效力，基於對當事人意願的尊重，家屬通常會照著去做。倘若事與願違，臨終前已知家屬對遺言內容，抱持不同的意見，

也要學習放下，只「往前看」。所謂往前看，就是著眼於未來。以佛教徒為例，知道自己這一生的任務即將圓滿，當下最重要的，就是放下一切罣礙，一心求生佛國淨土，或是發願再來人間，利益眾生。

萬般帶不走，唯有業隨身。掌握時機，彼此互相感恩，便是珍惜善緣。面對死亡，心無恐懼，放下執著，則在現身說法。祝福人人能有這分從容不迫，展現慈悲與智慧來處理身後事。

寬心語

學習放下，只「往前看」。所謂往前看，就是著眼於未來。

生前告別更自在

人生就如行進的列車，從起點出發後，沿途看盡不同的風光，也必將抵達終點站。在過程中，曾與我們同行，或是擦肩而過的旅人，都與我們有因有緣，未來若是因緣具足，仍有機會再相見。因此，抱著感恩心與歡喜心，迎向生命的終點站，這趟旅程便是圓滿的。

生命告別之旅

現今已有愈來愈多的人，能夠坦然面對死亡，預立遺言，或是舉行生前告別，都讓我們見到當事人的勇氣與豁達。已故天主教單國璽樞機主教，辭世前曾以「生命告別之旅」走遍全臺灣，分享生死的一堂課。

除了分享，人生旅程中曾經接受的關懷、照顧和扶持，或是某些事情做得不夠好，曾讓他人受傷、損失，過去由於種種原因難以啟口，在生命列車進入終點站之前，若能親自表達，也值得歡喜。至於生前告別的形式，則可視個人情況考量，在家裡、病床，或是舉行公開儀式皆可行。

感恩你，謝謝你，對不起，再見

有時我也會以「感恩你，謝謝你，對不起，再見。」與大眾互勉，應當把握因緣，在臨終前自在地告別。然而要有這分豁達，平時就要學習，否則關鍵時刻不一定說得出口。

「感恩你，謝謝你。」此生有緣互為家人、互為朋友、互為同事、互為善知識，雖各自扮演不同的角色，卻能在人生旅程中，對自己、他人，或是共同為社會做些有意義的事，值得欣慰，微笑感恩。

「對不起。」有些事想做而沒有做到，有些承諾無法履行，有些人際關係處理不甚圓滿，請求對方原諒，彼此放下，不再牽掛。

「再見。」人生列車即將進入終點，彼此互道珍重，發願再來人間，利益眾生。

聖嚴師父曾說：「能生則必須求生，非死不可則當歡喜地接受；感恩生存，也當感謝死亡。」在生命結束的時候，生前擁有的財產、名利全都帶不走，真正可以帶走的，是我們的慈悲心、智慧心和功德的生命。回首自己的一生，無論是善行多，或是不好的行為多，都是人生的歷練與經驗，都是值得感謝的生命之旅。

生而無疑，死而無憾。過去的已經過去，讓我們學習無怨、無悔、無瞋、無傲，在人生的終點自在告別，迎向未來的希望與光明。

第四篇

心安好福緣

平常心的修養工夫

近期的社會氛圍，因接連發生重大意外災害，儘管賑災與人性的光輝善良處處彰顯，然而抱怨、指責之聲也時有所聞。許多人不禁感嘆：「負面的言論再不適可而止，我們的社會還有希望嗎？」

轉化躁動不安的境界

如此憂心，雖然也在表達關心，若能理解現象，包容狀況，則是心的體驗工夫。外在環境僅是一時的現象，隨時都在改變，就像順境不可能永遠存在，逆境同樣也可因勢扭轉，這就是充滿無限可能的無常，只要向上、向善的力量增強，便可逐步轉化躁動不安的境界。

所謂境界，一種是指內在的心境，另一種是指外在的環境，其實體驗並無內境、外境之別。只是一開始要能體驗心內、心外平等並不容易，建議可從練習心安理得與平常心開始，體驗內心清淨而不被環境汙染，安定而不因環境浮動，智慧而不受環境困擾。

練習心安理得

心安理得的基礎，是把自己的角色扮演好，清楚角色的職務與承擔。其次也要培養平常心。例如公務人員克盡職守，無負國家、社會與人民所付重託，但在面對公共議題討論時，往往須承受各界評論、指正的聲浪，能夠保持平常心尤為重要。也可以說，在公共政策溝通與說明力求清晰之時，平常心已是現代公僕不可缺少的一種修養。

聖嚴師父曾說：「平常心就是對任何事的處理、應對，不以得失、多

少、成敗作考量，而只考慮能不能做、該不該做、可不可以做。」應當要做、必須要做的事，推動後將面對各種境界，要以智慧心來處理事、慈悲心來對待人，才能心平氣和、履險如夷、冷靜從容。也要籲請社會大眾及媒體、政治人士，同以心安理得及平常心來自我要求，理性看待意見表達，過度的謾罵、批評，對社會發展弊多於利。

無論扮演哪種角色，盡責盡分，才能心安理得；不計個人利害、得失，以平常心面對一切人、事、物因緣，已是現代社會人人都非常需要的修養工夫。

寬心語

從練習心安理得與平常心開始，體驗內心清淨而不被環境汙染，安定而不因環境浮動，智慧而不受環境困擾。

擁抱希望

二〇一四年，國際間發生了多起重大的災難事件，包括南韓的客輪海難、加薩走廊的戰爭、馬航及阿爾及利亞空難、雲南地震，以及造成數千人死亡的伊波拉病毒疫情；臺灣則是發生了澎湖空難與高雄氣爆事件等。

每個人都有照顧災區的責任

災難，一直是人類生存的頭號威脅，並以天災、戰爭、疾疫、意外等各種不同形式，造成人們健康、財產、生命及居住安全的損失，更使災區民眾的心靈飽受衝擊。

人同此心，心同此理。災難過後，最要緊的莫過於人心的重建。尤其在網路資訊發達的今天，我們比起過去任何時候，都更能體會何謂「天涯若比鄰」、「牽一髮而動全身」。因此，儘管多數人的住家與性命，不一定直接受到災難威脅，然而從內心體驗來講，面對災難帶來的強烈衝擊，則無災區與非災區之別。人與人之間，沒有時空隔閡，唯有相互依存的緊密感，便是佛法所說的生命共同體。

聖嚴師父曾勉勵我們：「災難與每一個人的生命都是息息相關的，我們每個人都有照顧災區災情的責任。」

災難發生後，專業的救災人員，總會及時趕往現場救災，這點請大家要對他們有信心。至於不在現場的我們，可為受災地區的民眾做些什麼？法鼓山第一階段做的，便是透過宗教的信心和祈願的方式，為意外中往生的罹難者祝禱，希望他們能夠放下一切牽掛，平安地離開人間，求生佛國淨土。

災難中受苦受難的大菩薩，也包括罹難者親屬、受傷者，以及飽受驚嚇的當地居民。災難發生後，他們最需要的是外界的尊重，讓他們有時間、空間，沉著處理親人的身後事，同時處理自己的悲傷。

面對意外事件衝擊，一般人常是手足無措，主要是心理承受過度的負荷與壓力，身心不容易安定。在這種情況下，藉由宗教信仰的力量是有幫助的，比如念佛，或是體驗呼吸，都能使身心逐漸緩和、安定。

用祝福的力量安定人心

假使生命的損失已無法挽回，請為他們祝福，也請相信：肉體生命雖然是無常的，卻有功德的智慧生命相續不斷；在災難中失去生命的人們，都是現身說法的菩薩，都是教導後人的老師。

心安才有平安。面對災難，唯有沉著、冷靜，才能用自己的心幫助自己，至少不讓自己陷入恐慌之中。另一方面，災難也讓人們省思，如何調整心態，改善環境，使後人經此建立一個更平安、更健全的居住環境。

如果我們能從災難中學習，從人心乃至於社會、國家，因此有所修正，以平等的慈悲愛護一切眾生，以智慧恰到好處地解決一切問題，相信明天會更好。也期勉所有因災難而蒙受傷害、損失的大眾：永遠不要失望，心更不要絕望，堅定永抱願望，才能充滿希望。

寬心語

心安才有平安。面對災難，唯有沉著、冷靜，才能用自己的心幫助自己，至少不讓自己陷入恐慌之中。

信心，從一念清淨開始

我們常說：「法會共修的力量是無遠弗屆的。」意思除了是指大眾以虔敬心念與法相應，所產生的祝福超越時空之限；另一方面，拜網路科技之賜，任何活動只要主辦單位提供網路直播服務，在不同角落的接收端，也可同時共修，顯現處處是道場。在農禪寺梁皇寶懺法會期間，有位居士就在病床上參與了這場勝會。

身體是修行的道器

這位居士一向很精進，每天把誦《地藏經》當作恆課，法會共修，則

是她的精進假期。她已報名梁皇寶懺法會，卻在法會啟建前一週，因病痛而就醫。當醫生說必須馬上動手術，她很擔心已經報名法會，也接引好幾位友人參加共修，如果不到場，豈不是失信？又想到自己上了年紀，還要挨刀，假使手術後行動不便，還要麻煩家人……，因此決定「放棄」手術。後來她的家庭醫師打了電話，希望我勸勸她。

對於有宗教信仰的人來說，從信心和佛法的角度做溝通是最直接的。因此我說：「既然醫生評估妳的身體狀況可以開刀，也是唯一可改善的方式，那就接受吧！」我又說：「肉體生命是幫助我們修行的道器，妳誦《地藏經》，又熱心接引人學佛，可是妳現在的反應是煩惱心、沒有智慧，難道《地藏經》寫著『放棄』二字？」這時她不好意思地笑了，而且笑得非常莊嚴、燦爛。

生病而患得患失，種種憂慮、煩惱隨境界而生，是可以理解的。尤其年事已高的長者，想到開刀的辛苦與手術過程的風險，病友及其家屬考慮的因素都會更多。然而就如聖嚴師父所說：「把病交給醫生，把生命交給

佛菩薩，自己是沒有事的。」面對生病時，信心最重要，信心的建立就從一念清淨開始。

從雜念回到正念

在客觀條件可接受手術的情況下，任何擔心、恐懼的感受，都要當成是妄念、雜念，而提醒自己回到正念，讓自己沒有煩惱是智慧，不讓他人起煩惱是慈悲。

當我談到慈悲與智慧，她便欣然同意接受手術，由此可見，她的學佛資糧是充足的，只要旁人適時提點即可。後來手術很順利，她也沒有缺席梁皇寶懺法會，只是換了一個位置，透過網路隨眾修行。如今她真正體驗到病房也可以是修行的道場，即使生病，依然能夠修福修慧。

寬心語

提醒自己回到正念，讓自己沒有煩惱是智慧，不讓他人起煩惱是慈悲。

身心清淨，與法相會

有許多人連年參加梁皇寶懺及水陸法會，每在法會圓滿時，都會相約明年再見。為什麼每年都要參加？他們說，參加法會就像接受全身心洗滌：聽開示、讀誦受持，每個動作、每個時刻，身心安住，法喜充滿。

參加法會能安定身心

有趣的是，類似問題若由親友問起，他們卻不一定答得出來。有位居士，每年都參加農禪寺梁皇寶懺法會，朋友問她：「同樣的法會參加一次就好，怎麼要每年參加呢？」這可把她考倒了，便拿同一問題來問我。

佛法有八萬四千法門，種種方便之法，都是為了幫助不同特性的眾生，從身心安定的基礎，進而開發無盡的自性寶藏。法會主要是透過慚愧、懺悔的方法，使我們放下剛強、執著的自我中心；減少一分自我中心的執著，便增一分清淨安樂，因此也具有安定身心的功能。除此以外，法會另有聽聞佛法、依教奉行及代佛說法等深義。比如大眾讀誦經文，逐句領受佛的教誨，當身心從內而外，心平氣和，舉止安詳從容，便是依教奉行、代佛說法，就如經典所云：「如說修行。」

進入修行的體驗

不過，剛開始參加法會而要「如說修行」，並不容易，一般都需要熏習的過程。所謂熏習，就是一次開示聽不懂，沒關係，下次再來；一次讀誦跟不上，不氣餒，下回繼續。一般參加法會，總希望跟上讀誦，假使跟不上，至少不要心浮氣躁；也有一些初接觸法會的人，期待能同時讀誦和理解。我的建議是一心一意讀誦，安於當下，從專持音聲法門而使身心沉澱、安定，也就是進入修行的體驗了。至於佛法義理的了解，則可從平日讀經、參加讀書會，或是聽講經開示等場合多聞熏修，那又是另一種學習了。

人的習氣很不容易轉化，修行便是透過佛法觀念和方法的熏習，幫助我們修正行為，清淨身心。參加法會，就像是許多人共修一門課，透過慚愧、懺悔，一次次洗滌身心，清淨得安樂；同時加深複習慈悲、智慧的佛法知見，讓我們一點一滴放下了自我中心的執著。相信因緣成熟、心開意解的那天，你會這麼說：「終於懂了！」並期待著每年相約，洗淨染著，與法相會。

寬心語

放下剛強、執著的自我中心；減少一分自我中心的執著，便增一分清淨安樂。

身心安穩是最大福報

有位居士發心護持道場，家人並不反對，但對其某些觀念的表達並不認同。她因此問我：「如何溝通才能更有交集？」

我聽了以後相當好奇，便問其中原委，原來問題出於福報與努力之說的認知差距。這位居士告訴我，學佛以來，她抱定凡事都要講「福報」。有了福報，事業才能順利推展；缺少福報，即使努力，不見得如願以償。她的家人則有不同看法，認為凡事唯憑自己努力，光講福報，根本不切實際。其實這兩種說法都有道理，我都是認同的，只是彼此溝通缺乏交集，形成各說各話。

身心對境不起煩惱

一般講福報，多半是從因果理解，「要怎麼收穫，先怎麼栽」。這位居士的家人說：努力第一，務實要緊。對此我很贊同。不過，佛法也告訴我們，世間一切人、事、物，皆是因緣和合而成。除了自己努力之外，外在環境條件的配合，則是促發成果的助緣，也就是我們講的天時、地利、人和，缺一不可。所謂福報，應當因、緣、果連著一起講。

福報的另一層意涵，則是身心對境不起煩惱。面對各種狀況，我們自己不受外在條件影響，而能經常保持內心的平和與安定，這是鍊心的成就，有此成就的人，可說是有大福報之人。

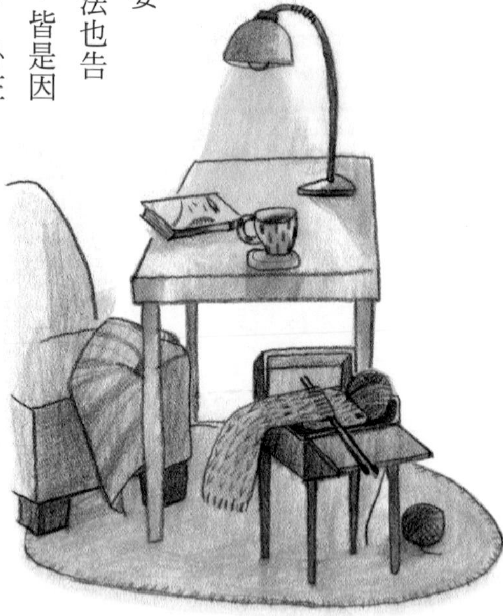

不帶給他人煩惱

因此，我建議這位居士，與家人溝通，前提要先肯定對方，站在對方的立場，理解其出發點，切勿把自己的意見強施於他人；並且反省檢討，自己的言行是否讓家人起了煩惱，更不要隨著煩惱起舞。

學佛是學習佛的慈悲與智慧，減少他人的煩惱是慈悲，減少自己的煩惱是智慧。從自己的身、語、意行為做調整，最低限度是不帶給他人煩惱。能夠如此，不僅對溝通有幫助，也才是真正的修學佛法、護持佛法、弘揚佛法。

寬心語

面對各種狀況，我們自己不受外在條件影響，而能經常保持內心的平和與安定，這是鍊心的成就，有此成就的人，可說是有大福報之人。

新臺灣之子新希望

一生致力於種族平等的前南非總統曼德拉，曾經遭人惡作劇將他的頭像以電腦動畫「變裝」為大猩猩。事件發生後，他應邀至一所新建學校的竣工典禮致詞，對著台下數百名孩童說：「看到你們有這樣的好學校，連『大猩猩』本人都十分高興。」幽默的自嘲，引得孩子們開懷大笑，卻也發人深省。

新移民是全球化趨勢

族群融合的議題，是人類社會史的一部分，南非的種族問題長年引起國際社會關注。事實上，臺灣目前也正經歷一波新族群現象。這是因一九九〇年代以後，全球經濟活動熱絡，改變了各國人士居住、求學與工作形態。尤以青壯年人口前往異國發展，乃至成家立業的比例不斷攀升，社會結構也因此重組，形成所謂的新移民現象。此非臺灣社會獨有，而是許多國家共同面臨的景況。

當前的臺灣社會，只要夫妻中有一方為外籍人士，即被稱為新移民家庭；而新移民家庭的下一代，則稱為「新臺灣之子」。根據二〇一二年教育部的一份統計，就讀小學階段的新臺灣之子，達十五萬八千多人，占小學生總數十分之一以上，而這個數字仍在不斷累加。

由於新移民人口，主要為女性移民，又以東南亞及中國大陸配偶居多，因此面對這個新生的因緣，包括社會大眾與新移民家庭，都還在學習適應。遺憾的是，我們的社會，仍不時傳出新移民遭受歧視與不尊重的待遇，甚至少部分「新臺灣之子」，在社會壓力之下，對外不敢承認母親的外籍身分。

多元族群，百花齊放

人生而平等，出生背景不同，而有不同的膚色、身高與語言之別，原是百花齊放的榮景，為什麼會有「非我族類」的偏見和歧視？歧視與傲慢，均因自我的不安全感所致，而不安全感則從計較、比較的分別心而來，所謂自大與自卑，都是相同的心理。

從人類歷史來看，多數國家都由移民社會組成，臺灣史更是族群融合的縮影。過去我們曾從語言之別，列有原住民、閩南、客家及外省族群四大族群，近二十餘年形成的新移民，則列為第五族群。其實，若把時間拉長來看，不同族群的差異，往往只有時間上的先來後到，最終同為這塊土地上的左右住鄰。況且，一個偉大的城市，常以多元族群、文化及不同信仰見長，例如巴黎及紐約，即因多元族群的共存共榮，而成為偉大的城市。以臺灣社會來講，我們實應有足夠的資糧，因應多元族群的課題。

孩子是國家未來的主人翁，讓新移民的孩子接受同等的關懷，我們的社會才有明天的希望。所幸從公部門到民間團體，現在都非常重視新移民家庭，鼓勵孩子說「媽媽的話」，從小自然而然擁有兩種語言，這不正是大家所期盼的語言優勢嗎？

面對多元族群，不妨抱著認識新朋友的心態，彼此分享成長背景的異同，或許有許多經驗是相仿、相似的，而有一見如故的親切感。也可交流語言、文化，或是現在深受大眾歡迎的異國料理，都是認識新朋友的契機。

尊重他人便是尊重自己，新移民家庭為臺灣社會帶來多元融合、百花齊放的機會，這是新希望與新活力，應當珍惜。

看見臺灣，承擔使命

「走遍世界各地，當珍惜臺灣。」是許多人共有的感受，在閱歷各國風土及生活方式之後，視野不同，體驗也隨著改變，讓人益發感受臺灣的美好，更珍惜它、愛護它。

心量放大，眼光放遠

二〇一三年十一月，《看見臺灣》這部紀錄片，同樣提供一個不同的角度，從空中俯瞰的視野，使我們看見熟悉的家園，和這塊土地上始終勤奮的身影；卻也發現我們的勤奮努力，由於缺乏生命共同體的觀照，造成美麗山河與海洋，為之染汙、失色。

我們的團體，從僧團、專職到護法悅眾，也特別安排觀看這部由齊柏林導演拍攝的紀錄片。齊導演說，他只是透過影片表達對這塊土地的一分關心。我則以為，影片中所記錄的生態汙染與過度破壞的訊息，不僅拍攝人員需有面對的勇氣，社會大眾也須提起承擔的使命感。除了反省檢討已造成的事實，更應把心量放大，以大地為共同家園；把眼光放遠，為現在及後代子孫著想。

儘管環保議題在一九九〇年代的臺灣社會，已受到高度矚目，當時臺灣正迎向經濟發展的高峰，有鑑於人心追逐經濟發展之時，很可能陷入迷思。因此聖嚴師父提出四種環保，即是心靈環保、生活環保、自然環保及禮儀環保，提醒我們：環境是人心之鏡，環境汙染的問題，追根究柢在於心念的貪求。

需要的不多，想要的太多

經過二十多年，環保議題仍受到重視，代表我們還有許多改善的空間，至少當下不應再重蹈覆轍，不能再短視近利。可以做的，是從觀念心態的調整做起，少欲知足，知福惜福；從生活中落實改善，需要的不多，想要的太多；從和諧的人際互動與珍惜自然環境，抱願不抱怨，不製造汙染，不再破壞山河大地，便是和樂無諍。

「面對它、接受它、處理它、放下它。」是聖嚴師父所提解決困境的主張。面對即代表接受，這是一種勇氣。如何處理？必須有慈悲、智慧。慈悲與智慧，一定是基於生命共同體的整體視野，而非個人局限的角度、自私的貪婪。當我們看見臺灣的美麗與哀愁，希望每個人也能提起愛護與承擔的使命感，讓未來的臺灣更美好。

寬心語

除了反省檢討已造成的事實，更應把心量放大，以大地為共同家園；把眼光放遠，為現在及後代子孫著想。

開發佛性，轉化個性

初學佛者，可能都曾接收到旁人一句讚賞：「真有善根啊！」從佛法的角度來看，每個人都具有善根，一念心淨，一念與慈悲、智慧相應，便是善根。

希望自己少一點煩惱，多一點慈悲與智慧，而能平安、健康、快樂，即使出發點是為利己，仍不減善根的本質。

不執著個性

然而，大家帶著善根而來，卻也往往帶著無明習氣隨身。在日常生活

中，每個人各有見解與不同立場，都是極其自然的現象，但是意見不同並不一定不和。造成不和的原因，多半出自於很有「個性」，在人、事、物應對中產生種種撞擊。此時不妨檢視自己，如果堅持是從貪、瞋、癡、慢、疑等無明煩惱習氣出發，如此自我中心執著的「個性」，還需要堅持嗎？

當我們的身心對境反應，劇烈失衡，心不平、氣不順，身體一定是緊張的。讓自己吃這種苦值得嗎？知道自己起了煩惱，懺悔而不懊悔，覺照自己受「個性」驅使，而告訴自己：「我在學佛，對自己要有智慧，待他

人要有慈悲。如此受苦、知苦而離苦的歷程，便是值得的。」

道場存於自心

學佛的人莫不看重菩提心道場，然而道場並不在特定寺院，真實的道場，存在於每個人心中。人人自心清淨，便是在心中建設菩提心道場。這便是佛法所講，每個人都具有清淨的佛性，只因被無明煩惱習性所遮蔽，因此煩惱不已。然而，我們身處的環境，是清淨或染汙，就在一念之間。若能一念清淨，便見一念淨土；若能十念清淨，便在十念之中見淨土；若能念念清淨，便能念念見人間淨土。

因此，法鼓山提倡的建設人間淨土理念，並不是將佛經描繪的佛國淨土，片面地移植到人間社會，而是從每個人消融煩惱的過程中，一點一滴體驗慈悲喜捨的菩薩精神，進而影響更多人點燃心中的光明。小小的好，經眾人響應，凝聚成為大大的好，便是改變社會的力量，人間淨土是可以

實現的。

心、佛、眾生，三無差別。這幾年，我常與大眾共勉：「開發佛性，提起覺性。轉化個性，淡化習性。淨化心性，回歸自性。」每個人都具有慈悲、智慧圓滿清淨的自性，而於生活中受苦、吃苦，實因個人無明煩惱習氣的「個性」所致。換句話說，縱使常受煩惱之苦，內在清淨的自性仍然不減一分。以慈悲、智慧，做為生活乃至生命的導航系統，從心態、語言及行為，不斷地練習自我中心的消融，便是修行。

猶記得二〇〇五年，法鼓山世界佛教教育園區落成啟用，聖嚴師父以「大悲心起」，勉勵四眾弟子自我成長、自行化他；之後再以〈大悲心起——祈願、許願、還願〉引為法鼓山佛曲歌詞，籲請大家效法觀世音菩薩的精神：求觀音、念觀音、學觀音、做觀音。在本書最後，僅以師父這段勉語與讀者共勉，祈願每個人都能在日常生活中，學習觀世音菩薩的精神，坦然面對一切順逆境緣，奉獻我們自己，成就社會大眾。

〈大悲心起——祈願、許願、還願〉

平安順利的我，祈願增福增慧，世界和平人安樂；
挫折困苦的我，祈願消災除障，人人免難有幸福。
祈願求福的我，許願廣結善緣，自利利他出苦海；
祈願求福的我，許願學佛護法，少煩少惱滿人間。
祈願許願的我，大悲心起來還願，救苦救難學觀音；
祈願許願的我，大悲心起來還願，平等普施學觀音。

寬心語

以慈悲、智慧，做為生活乃至生命的導航系統，從心態、語言及行為，不斷地練習自我中心的消融，便是修行。

圓滿好緣

筆記頁

琉璃文學 29

原諒，好緣亮！

Forgive and Let Go,
to Form and Live in Favorable Conditions

著者	釋果東
插畫	蘇力卡
出版	法鼓文化
總監	釋果賢
總編輯	陳重光
編輯	張晴
美術設計	周家瑤
地址	臺北市北投區公館路186號5樓
電話	(02)2893-4646
傳真	(02)2896-0731
網址	http://www.ddc.com.tw
E-mail	market@ddc.com.tw
讀者服務專線	(02)2896-1600
初版一刷	2015年2月
初版十刷	2022年1月
建議售價	新臺幣220元
郵撥帳號	50013371
戶名	財團法人法鼓山文教基金會—法鼓文化
北美經銷處	紐約東初禪寺
	Chan Meditation Center (New York, USA)
	Tel: (718)592-6593 E-mail:chancenter@gmail.com

法鼓文化

國家圖書館出版品預行編目資料

原諒,好緣亮! / 釋果東著. -- 初版. -- 臺北市：
法鼓文化, 2015.02
面； 公分
ISBN 978-957-598-664-3（平裝）

1.佛教修持

225.7 103026437